AF459240

CABINET
BIBLIOGRAPHIQUE,
OU
BUREAU GÉNÉRAL
D'ADRESSES

POUR LA RECHERCHE DE TOUTES SORTES DE LIVRES, &c.

ÉTABLISSEMENT formé pour faciliter les recherches de tout genre, dans les différentes parties, à procurer aux Auteurs & Libraires un débit plus rapide & plus avantageux, & suppléer à l'insuffisance des annonces des Catalogues, qui ne laissent après eux qu'une impression passagere.

(Ce Cabinet est rue de la Vieille-Monnoie, N°. 12, près celle des Lombards).

CET Etablissement manquoit, nous ne dirons pas à la France, mais à l'Europe entiere. Courbés sous le poids de nos richesses, nous en étions en quelque ſorte accablés. Que de Livres nous échappoient, faute de pouvoir retenir leur prodigieuſe nomenclature ! Perſonne, ſans doute, n'auroit jamais réaliſé le projet de donner, par la voie de l'impreſſion, une *Bibliographie* complette; car quels en auroient été les Editeurs & les Acquéreurs ? Il a donc fallu, pour cette fois, renoncer à l'Imprimerie, & lui ſubſtituer une faculté toujours agiſſante, dont le travail ſoutenu & la ſurveillance active, fiſſent, pour l'avantage de la Société, ce que chaque individu ſeroit obligé de faire en ſon particulier.

Le moyen que nous employons pour perpétuer notre Répertoire, eſt d'autant plus précieux, qu'il n'exige jamais de ſupplément. C'eſt un regiſtre toujours ouvert, & dans lequel l'eſpace a été tellement ménagé, que ſans travaux, ſans efforts, il devient le point de ralliement de toutes les connoiſſances humaines.

On ſent bien que ſi nous avions craint que cet eſpace nous eût manqué, nous nous ſerions bien gardés de nous charger de cette entrepriſe; mais comme l'ordre qui en fait la baſe eſt inaltérable, comme il porte avec lui tous les caractères d'utilité publique, comme il ſe prête à tous les cas, à tous les modes, nous avons cru que nous pourrions l'annoncer ſous le titre de *Bureau Général d'Adresses*, &c. & le présenter comme le centre naturel de toutes les annonces publiques.

En effet, qui de nous peut se dissimuler les peines que nous sommes obligés de prendre, toutes les fois qu'il s'agit de faire des recherches ? D'abord nul ordre, nulle méthode dans les annonces bibliographiques des Journaux ; aujourd'hui c'est un Ouvrage de Physique, demain un de Jurisprudence, un autre jour c'est un Livre de Médecine, un autre c'en est un d'Histoire. Comment faire pour retrouver dans tant d'annonces différentes, celle qui convient précisément à nos besoins ? & cette multitude innombrable de Catalogues ! . . . Il faut donc être toujours à feuilleter, retourner, & parcourir ces recueils indigestes, & être exposé (par le nombre considérable qui en existe) à voir ses recherches infructueuses. Eh ! n'est-ce point là la cause qui a fait tomber dans l'oubli tant de productions utiles ? Sans doute. Aussi sommes-nous persuadés qu'on ne verra pas sans intérêt, un établissement destiné à mettre continuellement sous les yeux le dépôt universel des Sciences, & à épargner à une infinité de Citoyens, des recherches aussi désagréables qu'insipides, des démarches aussi fatigantes que dispendieuses.

Mais ce qui achevera de rendre cet établissement vraiment utile & recommandable, c'est le relevé que nous avons entrepris de tous les

Ouvrages écrits ſur la même matiere, & pour ainſi dire ſur le même mot; jamais entrepriſe n'a été plus heureuſement conçue, & pour la gloire des lettres, & pour le profit de ceux qui les cultivent. On avoit bien formé des claſſes, des diviſions, des ſubdiviſions dans les Bibliographies, mais cet inconvénient de n'être jamais completes, de renfermer une Métaphyſique abſtraite & ſouvent obſcure, d'être exceſſivement nombreuſes, de coûter prodigieuſement cher, de ne jamais contenir les nouveaux Ouvrages, faiſoit que les recherches étoient toujours infiniment pénibles & ſouvent infructueuſes.

Il ne faut cependant pas s'attendre à trouver dans ce relevé tous les Ouvrages proprement dits. Il en eſt qui ne préſentent qu'un intérêt très-médiocre, tels que les écrits polémiques ſur des matieres uſées & rebattues, des Ouvrages écrits ſans goût, des rapſodies comme il y en a tant; mais tout ce qui tient à la ſaine morale, à l'art de penſer, de raiſonner, de bien dire, à la Phyſique, aux Mathématiques, aux Arts, à la Géographie, à la Chymie, à la Botanique, à la Métallurgie, à toutes les parties de l'Hiſtoire, enfin, à toutes les Sciences exactes & de l'étendue, a été ſcrupuleuſement relevé, ou du moins il eſt entré dans notre plan de le faire; car à l'exception d'une bonne partie des Ouvrages modernes, & de ce qu'il y a de meilleur dans la Librairie ancienne qu'il embrasse assez exactement, le reste est dans cet état d'imperfection que présente toujours un travail sur des objets qui se modifient & se reproduisent sans cesse.

Nous n'entreprendrons pas de décrire tous les avantages que présente notre établissement; ils doivent être suffisamment sentis par nos Lecteurs; nous dirons seulement, que notre intention étant d'indiquer à toutes les personnes qui fréquenteront notre Cabinet, tous les Ouvrages publiés & à publier, de leur en faire une description exacte, de leur présenter le nombre des volumes, des pages & des planches, en un mot, tout ce qui sera dans le cas de caractériser les véritables éditions, nous aurons sûrement rempli une des plus importantes tâches, puisque nous aurons par nos rapprochements, porté sur la Bibliographie ces connoissances réfléchies qui sont à la vérité le partage de quelques personnes très-instruites, mais qui s'anéantissent avec elles lorsque la mort vient les enlever.

Nos chef-d'œuvres n'auront sans doute pas besoin de ce nouvel établissement pour être plus répandus. Mais n'est-il de livres utiles que ceux qui brillent de tous les traits de l'éloquence ? N'est-il pas des matieres qui semblent ne comporter aucun luxe, aucun ornement ? Pourquoi ce dédain pour des Ouvrages qui n'auroient pas toutes les graces du ſtyle ? Hélas ! s'il eſt vrai que la charrue ſerve l'Agriculture ſans l'embellir, ne pourroit-on pas ſe perſuader que des Ouvrages médiocrement écrits pourroient avoir auſſi leur but d'utilité ?

Nous applaudiſſons aux efforts que nos Bibliographes ont faits juſqu'à ce jour pour raſſembler en corps d'Ouvrage, l'annonce de tous les écrits publiés ſur la même matiere ; ils ont ſans doute mérité la reconnoiſſance de leurs Concitoyens, par les peines conſidérables qu'ils ſe ſont données pour nous être utiles ; mais au bout de tout, ils n'ont favoriſé que quelques Littérateurs opulents ; le reſte privé des ſecours de la fortune, eſt obligé de renoncer aux avantages qu'ils ont promis. Nous ne les imiterons donc point ; nous entreprendrons au contraire de faire voir qu'il ne faut pas toujours ſuivre les traces de ceux qui nous ont précédés ; en effet, comment préſenter dans un Ouvrage de longue haleine, des objets qui ſe modifient ſans ceſſe ? Ici c'eſt une édition entiérement refondue ; là un Ouvrage nouveau ſur une matiere que l'on croyoit épuiſée ; celui-ci fait une nouvelle découverte dans les Sciences ; celui-là invente un nouvel art ; comment fixer cette éternelle mobilité, ſi ce n'eſt par un travail du genre de celui que nous propoſons, & en tenant ſucceſſivement regiſtre de toutes les modifications qui arrivent dans la Littérature ?

Mais c'eſt aſſez étendre nos réflexions ſur un établiſſement qui, s'il eſt accueilli, peut devenir de la plus grande utilité ; il faut maintenant en faire connoître l'organiſation & le régime.

Son but principal, comme on a vu, eſt de faciliter les recherches en tout genre. Lors donc que l'on aura préſenté au Cabinet Bibliographique la notice des objets que l'on aura deſſein de ſe procurer, nous en ferons faire ſur le champ la recherche dans le Répertoire ; s'ils y ſont inſérés avec l'adreſſe de l'Auteur ou des Libraires, nous en préviendrons les perſonnes, afin qu'elles dépoſent l'argent néceſſaire à leur achat ; s'ils ne s'y trouvent pas, nous en prendrons la note ſur un regiſtre deſtiné à cet effet, & nous ferons faire les recherches convenables chez tous les Libraires.

Toutes les fois que le Cabinet ſera chargé de fournir les Ouvrages demandés, il ne ſera exigé aucune rétribution, même quand il y auroit eu des démarches de faites. Mais lorſque les demandeurs voudront eux-mêmes faire leurs acquiſitions, alors ils acquitteront un droit que nous avons fixé à la moitié de la remiſe que les Libraires ſont dans l'uſage d'accorder.

On pourra de toutes les Provinces de France, s'adreſſer au Cabinet Bibliographique pour tous les Ouvrages que l'on deſirera ſe procurer ; il ſuffira d'adreſſer franc de port par la Poſte, l'argent &

la lettre d'avis, pour recevoir par cette même voie tous les Ouvrages demandés.

Nous en exceptons cependant les livres reliés, mais c'eſt en prévenant que nous nous chargerons de les faire parvenir par les Meſſageries, ſi on deſire ſe ſervir de cette voie.

Ceux qui voudront s'abonner à quelques Journaux que ce ſoit, pourront le faire en s'adreſſant à notre Cabinet; on leur y communiquera le relevé de tous les Journaux circulants, & pour qu'il ſoit plus complet, nous inviterons les Auteurs de ces Journaux à nous faire parvenir, ou leurs *Proſpectus*, ou leur premier Numéro, afin que ceux qui par haſard s'y trouveroient omis, y occupent la place qui leur appartient.

Les Auteurs qui voudront y faire annoncer, ſoit une ſouſcription, ſoit la vente de leurs Ouvrages, ſeront les maîtres de le faire; ils ſeront d'autant plus aſſurés de notre empreſſement à les ſervir, que le but de notre établiſſement étant de rapprocher les beſoins, nous ſerions en contradiction avec nous-mêmes, ſi nous ne faiſions pas tout ce qui dépendra de nous pour y parvenir.

Quant à ceux qui auroient des éditions qui ne ſeroient point entiérement épuiſées, ou dont le débit auroit été traverſé, ſoit par l'effet des loix injuſtement prohibitives, ſoit par le défaut d'annonces dans les Journaux, ſoit par toute autre cause, nous croyons qu'ils saisiront avec d'autant plus d'empressement l'occasion que nous leur présentons de donner de la publicité à leurs Ouvrages, que n'existant parmi eux aucune corporation qui veille à la défense de leurs intérêts, ils sont plus exposés à voir leur production rester dans l'oubli. Voici donc ce que nous leur proposerons pour lever toutes ces difficultés, tous ces obstacles.

C'est, 1°. de nous envoyer les extraits détaillés de tous leurs Ouvrages, parce que nous étant engagés, ainsi qu'on l'a vu, à rassembler tout ce qui a été écrit sur le même sujet, ce sera un moyen assuré de l'offrir aux regards de ceux qui fréquenteront notre Cabinet.

2°. De joindre à cet extrait tous les renseignements sur les différentes éditions qu'ils ont pu faire, parce que ce sont autant de parties intégrantes qui concourent à donner au tout plus d'importance & de valeur, en même-temps que ce sont des modes qu'il nous est indispensable de faire connoître.

3°. De nous communiquer l'extrait des jugements qui ont pu en être rendus, soit dans les Journaux, soit dans les Ouvrages contemporains, parce que ces extraits exigeant de notre part des recherches longues & dispendieuses, nous ne serions pas en état de satisfaire de si-tôt le Public, sur la communication qu'il pourroit en demander.

4°. De nous indiquer le nom & l'adresse de leurs Libraires, parce que nous étant engagés de les indiquer à ceux qui se présenteront, manquer à cette obligation, feroit perdre de vue le but que nous nous sommes proposé, en formant notre établissement.

5°. Enfin de nous remettre un exemplaire des Ouvrages qui ne sont pas suffisamment connus ni répandus, parce que notre projet étant de former un dépôt général de toutes les nouveautés qui ont paru depuis la premiere Assemblée des Notables jusqu'à ce jour, & de l'étendre à toutes celles qui paroîtront à l'avenir, nous présumons que cette Collection présentée dans un ordre simple & uniforme, deviendroit précieuse par sa nature, & feroit d'autant plus intéressante, que l'on auroit par ce moyen la facilité de se mettre au courant de tout ce qui auroit paru, & de se le procurer sans recherches ni efforts.

Les avantages que nous proposons ne sont, comme on le voit, aucunement équivoques. A la célérité la plus parfaite se réunit l'économie la plus févere & l'ordre le plus régulier. Il est vrai que sans le concours des Gens de Lettres, notre établissement sera plus long à se former; mais pourquoi douterions-nous de leur empressement à soutenir une entreprise qui les intéresse aussi visiblement? Si c'est notre foiblesse qu'ils envisagent, ils oublient que bientôt devenus forts de leurs propres forces, notre succès sera moins la suite de nos efforts que le résultat des connoissances dont ils nous auront confié le dépôt; si c'est de la pureté de nos intentions dont ils doutent, qu'ils veuillent bien faire attention que nos profits ne sont fondés que sur nos propres travaux, & que nous ne pouvons pas même abuser de la confiance qu'ils nous auront accordée; tout est donc lié dans ce concours de circonstances. Efforts & travaux, d'un côté, estime & encouragement, de l'autre; il ne manque plus que l'impulsion à donner à la machine; & c'est ce que nous attendons avec confiance des nombreux amateurs des Sciences & des Lettres, des nobles & généreux défenseurs de la liberté, enfin de cette classe honorable & distinguée qui, par son heureuse influence, a acquis le droit de protéger ouvertement tout ce qui porte le caractere imposant de bienfaisance & d'utilité publiques.

On souscrit au *Cabinet Bibliographique* pour l'Ouvrage qui suit :

ATLAS NATIONAL MÉTHODIQUE ET RAISONNÉ DE LA FRANCE, *contenant sa nouvelle division en quatre-vingt-trois Départements, suivant les Décrets de l'Assemblée Nationale; ensemble l'Analyse des Procès-verbaux relatifs à leur formation; le tout pour servir de développement à la nouvelle Géographie du Royaume; Ouvrage dédié & présenté à l'*ASSEMBLÉE NATIONALE, *au* ROI & *à* M. LE DAUPHIN, par les Auteurs de l'*Atlas National.*

Cet Ouvrage, aussi important par son objet que remarquable par son étendue, doit inspirer la plus grande confiance.

Les Cartes ont été dressées par les Auteurs, avec la plus grande précision; elles ont été vérifiées au Comité de Constitution, sur les originaux des Plans qui y sont déposés, & elles seront exécutées par les plus habiles Artistes de la Capitale.

L'analyse des Procès-verbaux a été faite sous les yeux du *Comité de Constitution*, qui ne dédaignera pas de donner ses soins à l'exécution du tout.

Cette nouvelle Géographie du Royaume sera composée des parties qui suivent:

1°. La Carte générale du Royaume, divisée en ses neuf Régions, composées chacune de ses neuf Départements, avec indication des Chefs-Lieux de Districts.

2°. Celles des Régions, divisées en leurs Départements & Districts, avec indication des Chefs-Lieux de Cantons.

3°. Celles des Départements, divisées en Districts & Cantons, avec indication des Chefs-Lieux de Communautés.

4°. Celles des Districts, aussi divisées en Cantons, avec indication des Hameaux, Fermes, Moulins, &c. &c.

5°. Enfin, celles des Cantons, divisées en leurs territoires & Communautés, avec configuration des différentes natures de terrein, d'après des opérations géométriques.

Le tout accompagné de Discours & Tableaux relatifs à chaque Carte.

La Carte générale, avec ses discours, coûtera 3 liv. 12 sols, & 2 liv. 5 s. seule.

Les Cartes de Région & de Département, coûteront, avec leurs discours, 3 liv. 6 s. chacune, & 2 liv. 5 s. seules.

Ceux qui souscriront pour neuf Cartes, les paieront, avec leurs discours, 3 liv. chacune, & sans le discours, 2 liv.

Et enfin, ceux qui souscriront pour tout l'Ouvrage, les paieront, avec leurs discours, 2 liv. 8 s. & sans le discours, 1 liv. 16 s.

On renvoie pour le prix des Cartes de Districts & de Cantons, au *Prospectus* de cet Ouvrage, qui se distribue *gratis* au même Cabinet.

La Carte générale qui paroît actuellement, ainsi que celle du Département d'*Eure & Loir*, peuvent faire juger des soins que les Auteurs apportent à cette entreprise.

Le prix de chacune est 45 s. en blanc, & 50 s. enluminées.

De l'Imprimerie de L. JORRY, rue de la Huchette, 1790.

MÉMOIRE

PRÉSENTÉ

A

L'ASSEMBLÉE NATIONALE,

POUR le CORPS des Libraires & Imprimeurs de l'Université.

Se distribue gratuitement chez l'Auteur,

A PARIS,

A l'Imprimerie de GRANGÉ, rue de la Parcheminerie.

1790.

MÉMOIRE

PRÉSENTÉ

A

L'ASSEMBLÉE NATIONALE,

En présence des Citoyens de la République des Lettres ;

POUR le Corps des Libraires & Imprimeurs de l'Université.

NOSSEIGNEURS,

DEPUIS la naissance de l'Imprimerie, cet Art sublime a toujours mérité la protection de nos Rois ; les Libraires & Imprimeurs ont constamment été honorés des plus grands égards , aussi les Chefs de la Magistrature ont été chargés par le Gouvernement de la direction de la Librairie & Imprimerie.

Depuis le mois de Janvier dernier la Profession des Libraires & Imprimeurs de l'Université a été honteusement avilie : l'insurrection a fait naître la licence, le désordre a été établi par l'anarchie. Les Arisocrates ont fait imprimer leurs écrits incendiaires portant le feu dévorant de la révolte dans le cœur des Français : les Imprimeries clandestines étoient, selon les prétendus impartiaux, insuffisantes pour assouvir leur rage ; il leur en falloit un plus grand nombre. Ils ont fait une fausse interprétation *de la liberté de la Presse :* on lui a donné plus d'étendue qu'elle n'en devoit avoir ; des hommes sans état ont voulu être Imprimeurs, nos adversaires les ont protégés ; on leur a fourni des caractères et des presses, l'or n'a pas manqué, il a été répandu à pleines mains aux ouvriers qui n'étoient pas faits pour aspirer à la Maîtrise ; et par un criminel abus *de la liberté de la Presse*, au lieu de trente-six Imprimeries qui étoient suffisantes pour la Capitale, on en compte aujourd'hui plus de deux cents à Paris.

Les villes et villages ont des Imprimeries *surnuméraires* ; les libelles les plus abominables s'y impriment ; à Paris, les Tournon, les Marat, les Duplessis, et autres Écrivains

Antipatriotes, ont fait donner à l'Imprimeur des Révolutions de Paris, dévoué à l'Aristocratie, les sommes nécessaires pour établir une belle Imprimerie, et en moins de deux ans, ce nouvel Imprimeur a acquis Maisons de ville et de campagne, et a pris voiture. Un Marat stipendié par les ennemis de l'État, a eu aussi une Imprimerie dont il a fait un ſi mauvais usage, qu'elle lui été saisie dans le tems qu'il y imprimoit des ouvrages pernicieux; il auroit été sévérement puni, s'il ne se fut sauvé promptement en Angleterre; il alla chez le Trésorier des Aristocrates, qui lui a donné de nouveaux fonds, il a repris son infâme métier; mais non-content de la Feuille *de l'Ami du Peuple*, Journal dans lequel il inculpe les personnes les plus respectables, il débite encore une nouvelle feuille qu'il a d'abord fait imprimer chez Grand, ci-devant Prote du Sieur Moutard, à présent nouvel Imprimeur, ayant plusieurs presses. Marat a repris depuis le nommé Rochette, autre compagnon Imprimeur, à qui il a fait encore donner des fonds par les Antipatriotes.

Marcel, auteur d'un Ecrit scandaleux & téméraire, Prisonnier au Châtelet, a continué toujours l'impression de *l'Orateur du Peuple*, chez le nommé Pellier, compagnon imprimeur ; dans cette feuille , il inculpe l'Assemblée Nationale, le Maire, la Magistrature , et le brave & loyal Général des Troupes Parisiennes.

On ne dénoncera quant à présent que ces premiers Éditeurs ou Écrivains faméliques, qui pour de l'argent sonnent le tocsin ; mais le Comité des recherches trouvera, s'il le veut, un plus grand nombre de Folliculaires, auteurs de Papiers-nouvelles, stipendiés par les Antipatriotes, qui font imprimer les libelles qui circulent dans Paris et dans les Provinces du Royaume.

L'Anarchie des Imprimeries, a fait naître l'insurrection ; les Imprimeurs surnuméraires ont débauché les ouvriers Compagnons, en leur offrant doublement de paye ; ces nouveaux établis s'arrogent le droit d'entreprendre toutes sortes d'ouvrages, Mémoires, Labeurs ou Ouvrages de ville.

Les travaux des Imprimeurs du Roi et de l'Université furent suspendus, et l'on fut obligé de rendre les Manuscrits commencés à imprimer ; les Compagnons imprimeurs n'ont plus voulu rester chez leurs maîtres, il y eut une désertion générale, presque tous s'embaucherent aux nouvelles Imprimeries, et ceux qui ne trouvèrent pas d'emploi, demanderent des augmentations de prix, sans quoi ils ne vouloient pas mettre la main à l'œuvre. Dans ces fâcheuses circonstances, les Ouvriers s'adressèrent à un Administrateur de Police qui leur promit sa protection, en appuyant leur demande par les voyes de conciliation. Il écrivit à plusieurs Maîtres Imprimeurs, pour qu'ils assemblassent à la Chambre le Corps des Imprimeurs, parce que, disoit-il, l'intention de M. le Maire étoit qu'ils se conciliassent avec leurs ouvriers au sujet des nouveaux prix qu'ils demandoient pour les Ouvrages à finir.

Les Maîtres Imprimeurs crurent que cette Assemblée étoit exigée par M. le Maire, et on s'assembla ; mais l'Administrateur, qui s'étoit annoncé comme Conciliateur, ne parut pas ; il avoit donné une fausse interprétation de la liberté de la presse, qui devoit seulement être réservée aux Gens-de-Lettres qui en avoient été privés, mais elle ne devoit pas s'étendre jusqu'à ces *Ecrivassiers* de papiers nouvelles, que l'on ne pouvoit pas classer avec les Écrivains dont la France s'honore.

L'Administrateur du Comité de Police se prétendit instruit des affaires concernant la Librairie, il vanta sa capacité, on lui en confia l'administration, ce fut lui qui donna le premier son avis sur la liberté de la presse, qui devoit seulement appartenir aux Écrivains qui la réclamoient. Il déclara qu'il n'y avoit aucun inconvénient que le Bureau de la Ville jouisse de la grande direction de la Librairie : il a pris sur lui de nommer les Imprimeurs surnuméraires à ceux de l'Université; il se donna le droit de recevoir en vertu de son prétendu privilége de la Ville, les individus qui se présenteroient pour exercer publiquement l'Art de l'Imprimerie. Bientôt un grand nombre d'Imprimeries furent ouvertes dans Paris. Il disoit à qui vouloit l'entendre, que la liberté de la presse étoit un droit que l'Assemblée Nationale ne pouvoit refuser à personne, & que la Constitution ne pouvoit manquer de la rendre indéfinie.

Le Corps des Imprimeurs auroit desiré que les Officiers de la Librairie eussent rendu plainte à l'Assemblée Nationale, de la contravention aux Réglemens méprisés dans lesquels le Corps de l'Imprimerie devoit être maintenu.

Plusieurs Imprimeurs étoient d'avis que les Sindic et Adjoints ayant le droit de faire des visites dans les Imprimeries, ils pouvoient saisir les Imprimeursnon reçus à la Maîtrise,

Maîtrise, & enlever leurs presses et caracteres; c'étoit le moyen de mettre la main sur les libelles dont la France est empoisonnée, l'on n'en a rien fait, l'Anarchie a fait naître la licence, et elle a été portée à l'excès.

Nous demandons notre État dont nous avons été privés, nous prouverons que l'Imprimerie est un Art qui ne peut être confondu avec les Corps des autres Marchands, et Artisans, *que tout homme peut exercer : nous vous présenterons*, Nos Seigneurs, avec une respectueuse confiance, le Code de la Librairie, rédigé par l'oracle de la France, l'immortel Daguesseau, qui, s'il vivoit, seroit bien digne d'être placé dans le Fauteuil de vos Présidens. Ordonnez, Nos Seigneurs, que notre Code, ce Chef-d'œuvre de la sagesse, soit lu dans le Comité de Constitution, et qu'il vous en soit fait le rapport avant l'Organisation de la presse.

Nous réclamons les Reglemens de la Librairie, sans lesquels on ne peut bien régir cet état si important au Gouvernement et à la République des Lettres. Permettez-nous, Nos Seigneurs, de vous en citer quelques articles.

Le premier traite de la Réception des Imprimeurs de l'Université, ils ne peuvent parvenir à la Maîtrise Typographique qu'avec les plus grandes formalités; ils ne doivent être reçus qu'en vertu de deux Arrêts du Conseil : il faut que les Libraires et Imprimeurs soient *congrus* en Langue grecque et latine ; il faut encore qu'ils subissent deux examens sur le fait de l'Imprimerie et de la Librairie.

Le nombre des Imprimeurs doit être limité dans chacune des Villes où se fait leur Reception , il doit être fixé , savoir : dans Paris à celui de trente-six , et dans les autres Villes à proportion.

M. Daguesseau étoit sur cet article très-rigide ; et de son vivant , il n'y avoit pas de suppléans à ce nombre , il connoissoit trop le danger de tolérer une trop grande multitude d'Imprimeurs.

Il y avoit des délits impardonnables: la licence de l'Imprimerie & les Contrefactions étaient punies sans miséricorde par des amandes au profit des saisissans ; les Imprimeries clandestines , les débitans des Brochures contre l'État , les mœurs et la Religion , étoient privés au moins de la liberté , ou livrés aux rigueurs de la Justice qui leur faisait subir les chatimens les plus infamans.

Les libelles diffammatoires étoient poursuivis par la Police , qui y surveilloit avec la plus grande vigilance: aussi du tems de nos Chanceliers il y avoit moins d'Ecrits incendiaires & nuisibles à la Patrie. Aujourd'hui, nous éprouvons la licence la plus effrénée, et nous en sommes les plus malheureuses victimes; ces cruels désordres dont nous nous plaignons ne seroient point arrivés si nos sages réglemens eussent été mis en vigueur.

Si l'on n'eut point toléré de nouvelles Imprimeries, serions-nous aujourd'hui sans ressources et hors d'état de faire aucunes entreprises. (*) Nous vous demandons, Nos Seigneurs, justice des torts qui nous ont été faits sans aucuns motifs, et sans aucune autorité.

Il n'y a que les Aristocrates qui aient pu imaginer que des Districs ou des Administrateurs de Police ayent osé, sans aucune mission directe de l'Assemblée Nationale, donner à des gens sans talens ni qualités, le droit de former des établissemens d'Imprimeries, si contraires à notre propriété.

Voilà, Nos Seigneurs, l'origine des licences que se sont données ces nouveaux Imprimeurs, qui font paroître tous les jours sous vos yeux les Ecrits incendiaires dont

(*) Il y a déja pour trois millions de Banqueroutes dans la Librairie, & si l'insurrection continue, nous en devons en attendre bien d'autres.

vous vous plaignez, et dont vous n'avez pu tarir la source.

Voilà enfin, Nos Seigneurs, la nécessité de supprimer le trop grand nombre d'Imprimeries qui existent aujourd'hui.

Il est encore une considération à laquelle le Comité de constitution doit faire la plus grande attention, et qui regarde le bien général de la Société.

Lorsqu'il fut proposé au Conseil de Louis-quinze, d'accorder une liberté générale aux différens genres de Commerce, et Professions, sans droit de Maîtrise, M. Turgot observa qu'il y en avoit trois qu'il falloit nécessairement excepter, et qu'il y auroit un grand danger de laisser entre les mains de tout le monde, savoir : l'Imprimerie, la Pharmacie et l'Orfévrerie : la première, concernant la liberté de la Presse, n'appartient qu'à la classe des Gens de Lettres ; elle est réservée aux Ecrivains qui honorent la nation, & ne doit avoir une plus grande étendue. La seconde, qui est la Pharmacie, ne peut être confiée, sans danger, à des Charlatans ; et pour l'Orfévrerie, les Directeurs de la Monnoie doivent faire les essais de matières d'or et d'argent, ils en constatent le titre, et les Orfévres mettent leurs poinçons sur les ouvrages qu'ils fabriquent, ce qni est la sûreté du public.

Sur les observations du Contrôleur-Général, ces trois Professions furent conservées intactes.

M. Daguesseau considéroit l'Imprimerie comme devant être mise au nombre des exceptions à tous les hommes qui ont le droit d'exercer les Manufactures des différens métiers, elles ne peuvent trop se multiplier pour le grand bien du Commerce, pour l'avantage du Gouvernement et de la Société ; mais qu'il y auroit un grand danger de multiplier les Imprimeries : nous en avons malheureusement l'exemple par la liberté de la presse, confiée à des individus très-suspects, et qui en ont abusé. Il n'y a que les Intéressés à favoriser les Imprimeries clandestines qui ayent osé vous persuader que cette liberté appartenoit à tout le monde. Perfides ! vous en avez imposé au Comité, cette liberté dont la Philosophie a été privée dans les siècles de l'ignorance du Stupide Fanatisme, du Despotisme cruel et aveugle, est enfin rendu à nos célebres Écrivains.

Notre auguste Sénat, en consacrant ses travaux pénibles et assidus pour le bien de la Société générale, va faire triompher la justice ; l'hypocrisie est démasquée, le sot orgueil est voué au mépris, les abus sont détruits, les vices seront punis, les vertus seront récompensées, enfin la restauration des mœurs fera le bonheur et la gloire de la Nation Française, ces prodiges seront opérés par l'Auguste Sénat Français, dans le plus beau pays de l'Univers, et sous le Règne du meilleur des Rois.

Cette liberté de la presse aura des bornes, la sagesse les posera, et le pouvoir exécutif y restera en faction pour s'opposer à ce que la licence ne puisse à l'avenir les franchir, nos Écrivains jouiront de cette précieuse prérogative, nous y coopérerons avec zèle et désintéressement.

L'Intention de l'Auguste Sénat n'était pas de priver les Imprimeurs de l'Université de leur propriété, mais seulement de donner la liberté de la presse aux Écrivains Français qui honorent la Nation par leurs savans écrits sur les Sciences et les Arts, il n'y auroit cependant pas de danger de faire jouir de cette tolérance les Journalistes et les Auteurs de Feuilles-périodiques et de Papiers-nouvelles, mais non comme nos célébres Auteurs, Philosophes, Moralistes, Historiens, Poëtes et Écrivains sur les Sciences et les Arts, qui en doivent jouir sans entraves et sans aucune réserve, mais elle serait du moins tolérée aux Journalistes, auteurs de Feuilles périodiques, sous la condition expresse qu'ils seront tenus, chaque jour qu'elles seront mises au jour, de déposer leurs feuilles au Comité de Police; en conséquence, c'est qu'ils jouiroient de la permission de faire des souscriptions, lesquelles leur seront conservées, tant qu'ils ne se permettront pas de notes ou réflexions répréhensibles, autrement leurs Journaux ou Feuilles périodiques seront supprimés, leurs presses et caracteres seront saisies et portés à la Chambre Syndicale pour y être vendues au profit des pauvres.

RÉSUMÉ.

Nous vous avons évidemment prouvé, Nos Seigneurs, que les mal-intentionnés qui avoient intérêt de faire imprimer les Ecrits incendiaires que nous refusions de faire pour eux, et que vous poursuivez aujourd'hui, ont fait naître l'anarchie et la licence; des hommes suspects en ont imposé au Comité de Constitution, en lui soutenant que la liberté de la presse appartenoit indistinctement aux Intrus qui se la sont arbitrairement appropriée sans y être autorisés.

La liberté reconnue appartenir à l'homme a des bornes posées par la Religion, la morale et le droit des gens.

Il n'est point d'espece de Gouvernement où le poison puisse être permis à tout le monde : la Presse, ce moyen admirable de communiquer la penſée, d'étendre les connoissances humaines, devient une arme dangéreuse dans la main d'un furieux : les inconvéniens sans nombre qui en réſultent chaque jour, font eſperer que l'Assemblée Nationale, tout en conſacrant le principe de la liberté d'imprimer, prendra des précautions pour que cette liberté cesse de dégénérer en licence : qu'elle déterminera le nombre et le choix des Imprimeurs : par ce moyen chacun pourra, non pas comme en ce moment, imprimer lui-même furtivement les Ecrits les plus scandaleux, les plus incendiaires, & par conséquent les plus capables d'anéantir les mesures sages de nos Législateurs, de détruire la constitution, mais faire imprimer d'une maniere avouée tout ce dont au terme de la déclaration des droits de l'homme il devra répondre à la Société.

Par ce moyen la Loi conservera son empire sur tous les Individus, et aucun n'aura ni la faculté, ni le deſir de s'y ſoustraire.

Signé, GRANGÉ, Sous-Doyen de la Librairie, âgé de 78 ans.

CATALOGUE ABRÉGÉ

DES LIVRES DE LA BIBLIOTHEQUE

De feu le Citoyen

CHARLES-SIMON FAVART.

Dont la Vente se fera, le Mardi 8 Janvier 1793 et jours suivans, 4 heures de relevée rue Grange-Bateliere, près la Caserne, n°. 12

Rédigé par le Citoyen ROZET.

Se trouve

A PARIS,

Chez ROZET, Libraire, rue Saint-Sauveur, n° 55,
Et chez PYRE, Libraire, rue de la Harpe, vis-à-vis Saint-Côme, n°. 51.

AVERTISSEMENT.

LA Bibliothèque que nous annonçons, n'est point du petit nombre de celles qui sont principalement recommandables par la singularité des éditions des ouvrages qu'elles renferment, par la grandeur et la beauté de leur papier, par le brillant de l'impression, la netteté de l'exécution, enfin par les reliûres les plus soignées et les plus magnifiques.

Mais, en applaudissant au goût des amateurs qui ne s'attachent qu'à ce qu'il y a de plus superbe et de plus précieux en ce genre, ne seroit-il pas injuste de critiquer ceux auxquels la nature de leurs travaux ou l'avidité d'étendre leurs connoissances nécessitent l'obligation de satisfaire, d'une manière plus simple, aux besoins que ces motifs leur imposent. Si les uns, par le luxe le plus recherché en fait de Bibliomanie, contribuent à la perfection des Arts, les autres, par un usage perpétuel de ce que cette même Bibliomanie leur procure d'une manière moins dispendieuse, contribuent aussi à l'accroissement des sciences et de nos lumières; et ce motif est bien de quelque prix, sur-tout lorsqu'il est accompagné d'une facilité de communication, qui n'est guères l'appanage des Bibliomanes voluptueux. Montaigne appelloit la lecture : *le frottement de sa cervelle contre celle d'autrui.* C'est d'un pareil frottement, auquel le feu citoyen FAVART s'exerçoit sans cesse, que sont jaillies ces étincelles si vives qui brillent dans chaque page de ses ouvrages; étincelles où l'on apperçoit toujours la morale la plus pure et la plus sublime à côté des allusions les plus fines et des plaisanteries les plus délicates.

Si donc le goût du véritable homme de lettres, du savant, ne se distingue pas communément par le faste de ses livres, il se manifeste toujours par le rassemblement de ceux qu'il a cru nécessaires au genre d'études que son génie lui a fait adopter. Voilà pourquoi l'on voit dans la Bibliothèque du citoyen Favart un recueil, sinon le plus complet, du moins le plus important et le plus étendu de tous nos poëtes, des théâtres français et étrangers, de livres Emblématiques et autres, dans lesquels les vertus, les vices et toutes les passions des hommes se trouvent représentées tantôt en action, tantôt sous les fictions les plus ingénieuses. Cet assemblage nombreux et vraiment singulier nous a paru d'autant plus digne de fixer l'attention des curieux et des amateurs, qu'il est encore rempli d'ouvrages très-rares. Le détail, quoique très-abrégé, que nous en présentons au public, sembloit donc être de notre devoir; nous aurions cru d'ailleurs nuire au bien de la chose même, si nous ne nous en fussions pas au moins occupé de cette manière.

Nota. *Les articles où le nom du lieu de l'impression n'est pas indiqué, sont tous imprimés à Paris.*

TABLE DES DIVISIONS.

BELLES-LETTRES.

SCIENCES ET ARTS. 97

HISTOIRE. 78

CATALOGUE
ABRÉGÉ
DES LIVRES DE LA BIBLIOTHEQUE

De feu le Citoyen CHARLES-SIM. FAVART.

BELLES-LETTRES.

I.
GRAMMAIRES ET DICTIONNAIRES.

Langue latine.

1. VOSSII (Ger. Joan.) Etymologicon linguæ latinæ. Lugduni, 1664, in-fol.
2. Danetii Dictionar. lat-gallic. 1739, in-4.

Langue française.

3. L'art de bien parler français, par la Touche. Amst. 1739, 2 vol. in-12.
4. Principes de la Lang. fr. par Girard, 2 vol. in-12.
5. Gramm. française du P. Chifflet, 1700, in-12.
6. Grammaire française du P. Buffier, 1719, in-12.
7. Gram. fr. réd. en tables, par Grimarest, 1719, in-4.
8. Grammaire française de Restaut, 1767, in-12.
9. Orthographe française de Douchet, 1762, in-8.
10. Orthographe de Poitiers, 1770, in-8.
11. Dict. étym. de la lang. fr. de Ménage, 2 v. in-fol.
12. Dictionnaire de l'Acad. fr. 1762, 2 vol. in-fol.
13. Dictionnaire de Trévoux, 7 vol. in-fol.
14. Vocabulaire français, 30 vol. in-4.

15. Dictionn. néologique, de Desfontaines, 1747, 8.
16. Dictionn. des Proverbes fr. 1749, in-8.
17. Dictionn. Comique de le Roux. Amst. 1750, in-8.

Traités particuliers sur la Langue française.

18. Excellence de la langue franç. par Charpentier, 1683, 2 vol. in-12.
19. Observ. de Ménage sur la lang. fr. 1672, in-12.
20. Rem. de Vaugelas sur la lang. fr. 1672, in-12.
21. Les Epithetes de Laporte, livre utile à ceux qui font profession de la poésie et de toute autre composition française. Lyon, 1612, in-12, pet. f.
22. Connoissance des beautés et des défauts de la poésie et de l'éloquence dans la lang. fr. 1749, in-12.
23. Prosodie française de d'Olivet, 1760, in-12.
24. Remarques de gramm. sur Racine, par d'Olivet, 1738, in-12.

Langues étrangeres.

25. Osservationi di Lod. Dolce sopra la lingua ital. Vinegia, 1575, in-8.
26. Dictionn. fr. flamand. Bruxelles, 1739, in-4.

RHÉTORIQUE.

27. Rhétorique d'Aristote, traduite par Cassandre. La Haye, 1718, in-12.
28. Quintiliani Institut. orator. cum notis Rollin, 1715, 2 vol. in-12.
29. Quintilien, trad. par Gedoyn, 1770, 4 v. in-12.
30. Le grant et vray art de plaine Rhétorique, par Pierre Fabry. Paris 1544, in-12. *caract. goth.*
31. Puteani (Erycii) suada Attica sive orationum selectarum syntagma. Amst. Elzevir, 1694, in-12.
32. Panégirique de Trajan, trad. du lat. de Pline, par la Menasdiere, 1638, in-4.

Poésie.

Introduction à la Poésie.

33. Poétique d'Aristote, tr. par Norville, 1671, in'12.
34. Poétique d'Aristote, trad. avec des remarques, 1692, in-4. *grand pap.*
35. L'Art Poétique d'Horace, trad. en vers fr. avec des notes, et un Traité de la Versification fr. par Prepetit de Grammont, 1711, in-12.
36. Réflex. sur l'Art Poét. par Lami, 1668, in-12.
37. Traité du Poëme Epique, par le Bossu. Amst. 1693, in-12.
38. Essai sur la Poésie Rhythmique, par Bouchaud, 1763, in-8.
39. Poétique de la Menasdiere, 1640, in-4.
40. Art Poétique français. Paris, 1649, in-8.
41. L'Art Poétique de Colletet, 1658, in-12.
42. Réflex. sur la poétique de ce tems, 1675, in-12.
43. L'Art de la Poésie franç. et lat. avec une idée de la musique, par Lacroix. Lyon, 1694, in-12.
44. Traité de la Poésie fr. par Mourgues, 1724, in-12.
45. Poétique franç. de Marmontel, 1763, 2 v. in 8.
46. Poétique fr. à l'usage des dames, 1749, 2 v. in-12.
47. Disc. sur l'origine de la Poésie, sur son usage et sur le bon goût, p. Frain du Tremblay, 1713, in-12.
48. Hist de la Poésie fr. par Massieu, 1739, in-12.
49. Histoire Poétique par Hardion, 1751, 2 v. in-12.

Poésie Epique et Erotique.

Poëtes Grecs.

50. Idylles de Théocrite, trad. par Longepierre, 1788, in-12.
51. Homere de Madame Dacier. Amst. 1731, 9 vol. in-12. *fig. de Picart.*

52. L'Iliade en vers fr. par Salel, avec quelques poésies de Ronsard, etc. 1570, in-8.
53. L'Iliade en vers fr. p. Salel et Jamyn, 1584, in-12.
54. L'Iliade, par la Riviere. Utrecht, 1613, in-4. *fig. de Crispin de Passe, color.*
55. L'Iliade en vers fr. par Lamotte, 1714, in-8. *fig.*
56. L'Iliade, par Bitaubé, 1762, in-12.
57. L'Odissée, trad. par Boitel, 1619, in-8. *fig.*
58. Anacréon et Sapho, de Madame Dacier, *gr. et fr.* Amst. 1716, in-12.
59. Anacréon et Sapho, de Longepierre. Amst. 1692, in-12.
60. Anacréon, trad. par Lafosse, 1706, in-12.
61. Anacréon et Sapho, trad. en vers fr. par le poëte sans fard, (Gacon). Rotterd. 1712, in-12.
62. Idylles de Bion et de Moschus, trad. en vers fr. et autres Idylles, 1686, in-12.
63. Le Pindare Thebain, trad. de grec en fr. par Lagausie, 1626, in-8. *fig.*

Poëtes latins anciens.

64. Lucrece, lat. et fr. de Marolles, 1659, in-8.
65. Traduction libre de Lucrece, 1768, in-12.
66. Catullus, Tibullus et Propertius. Parisiis, Coustelier, 1723, in-4.
67. Properce, trad. par Marolles, 1655, in-8.
68. Virgile, trad. en vers fr. par Rob. et Ant. le Chevalier d'Agneaux, 1607, in-8.
69. Virgile, tr. par Marolles, 1655, in-fol. *gr. p. fig.*
70. Eglogues de Virgile, trad. en vers fr. et autres poésies, par Richer, 1736, in-8.
71. Georgiques de Virgile, trad. en vers français par Segrais, 1711, in-8.
72. — Les mêmes, par Delille, 1770, in-12.
73. L'Eneide, en vers fr. par Perrin, 1648, 2 v. 4. *fig.*
74. — La même dudit, 1664, 2 vol. in-12. *fig.*
75. Horace, du P. Tarteron, 1688, 2 vol. in-12.

76. Horace de Dacier, avec des rem. 1681, 10 v. in-12.

77. Sermons d'Horace, et autres poésies de François Habert, sans titre, 1551, in-8.

78. Libre version des Odes et des Epodes d'Horace, en vers français, par Marcassus, 1664, in-8.

79. Ovidii Metamorphoses. Antuerpiæ, Plantin, 1591, in 12. *oblong*, *fig.*

80. Ovidii Metamorphoseon, operâ et studio Thomæ Farnabii. Parisiis, 1637, in-fol. *fig.*

81. Métamorphoses d'Ovide, trad. en vers fr. par Massac, 1617, in-8.

82. Les trois premiers livres de la Métamorphose d'Ovide, trad. en vers fr. par Clément Marot et B. Aneau. Lyon, 1556, in 8. *fig.*

83. Les XXI Epîtres d'Ovide, translatées de latin en français, par Octavien de Saint-Gelais, Evêque d'Angoulême, petit vol. in-4. sans date ni nom de lieu ni d'imprimeur, *car. goth. avec fig.*

84. Epîtres d'Ovide, trad. en vers fr. par Mademoiselle l'Heritier, 1732, in-12.

85. Commentaire sur les Epîtres d'Ovide, par Bachet de Meziriac, 2 vol. in-8.

86. Pieces choisies d'Ovide, trad. en vers fr. par Thomas Corneille, 1670, in-12.

87. Amours d'Ovide, tr. nouv. avec des rem. 1661, 8.

88. L'Art d'aimer et le remede d'amour, trad. d'Ovide, 1751, in-8. *fig.*

89. OEuvres galantes et amoureuses d'Ovide, trad. en vers fr. 1756, in-12.

90. La Thébaïde de Stace, trad. par Marolles, 1658, 2 vol. in-8.

91. Recueil des plus beaux endroits de Martial, par Costar. Toulouse, 1689, 2 vol. in-12.

92. Juvenal, trad. par A. Duchesne, 1607, in-8.

93. Juvenal, trad. par Marolles, 1653, in-8.

94. Juvenal et Perse, de Tarteron, 1729, in-12.

95. Proserpine, poëme de Claudian, trad en vers héroïques, par le Présid. Nicole, 1658, in-12. *fig.*

96. L'Etna de Corn. Severus, et les Sentences de Publ. Syrus, tr. p. Accarias de Serionne, 1736, in-12.

Poëtes latins modernes.

97. Florilegii Epigrammata, *gr. et lat.* in-4.
98. Borbonii (Nic.) Nugæ. Paris. Vascosan, 1533, 8.
99. Bonefonii Pancharis, poésies, amours et autres mélanges en vers français, 1588, in-12.
100. Buchanani poemata. Amstel. 1687, in-24.
101. Owen Epigrammata. Amst. Elzevir, 1647, in-24.
102. Epigrammes d'Owen, en vers fr. 1709, in-12.
103. Masenii Sarcotis, avec la trad. de Dinouart. Paris, Barbou, 1757, in-12.
104. Le Tombeau de Marguerite de Valois, Reine de Navarre, fait en disticques latins par les trois sœurs Princesses en Angleterre, et depuis traduits en grec, italien et fran. Paris, Fézandat, 1551, in-8.
105. Roilleti varia poemata. 1556, in-12.
106. Palingenii Zodiacus vitæ, Lugd. 1576, in-12.
107. — Idem opus, Rotterodami, 1722, in-8.
108. Scaligeri, poemata, 1574, 2 vol. in-8.
109. Bezæ, poemata varia, 1599, in-12. pet. form.
110. Heinsii, poemata, Lugd. Bat. 1640, in-12.
111. Menagii, poemata, 1680, in-12.
112. Maphæi Card. Barberini nunc Urbani Papæ VIII. poem. Parisiis, è Typ. regiâ, 1642, in-fol.
113. Heroicæ poeseos deliciæ, ex recensione philippi Labbe — les couches sacrées de la vierge; poëme de Sannazar, trad. en prose française, par Colletet, 1646, in-12.
114. La Rue S. J. Idyllia, emblemata heroica Paraphrases Horatianæ, 1672, in-12.
115. Wallii, S. J. Poemata. Lugd. 1688, in-12.
116. Commirii, S. J. Carmina, 1689, in-12.
117. Maniere de nourrir les Enfans à la mamelle, tr. du poëm. lat. de Ste.-Marthe, 1698, in-8. *m. r.*

118. Bilinguis musarum alumnus : poésies lat. et fr. 1707, in-8.
119. Vanierii, S. J. prædium rusticum. Tolosæ, 1730, in-12. *fig.*
120. Anti-Lucrece, de Polignac, trad. par Bougainville, 1754, 2 vol. in-12.

Poëtes Macaroniques.

121. Histoire macaronique de Merlin Cocaie. Paris, 1606, in-12.
122. Arena de Bragardissima villa de Soleriis, etc. in-8.

POETES FRANÇAIS.

Poëtes Français du premier âge jusqu'à Clément Marot.

123. Le Roman de la Rose. Amst. 1735, 3 v. in-12.
124. Poésies du Roi de Navarre, 1742, 2 vol. in-8.
125. Les Amours du bon vieux tems, 1756, in-12.
126. Le Brûlement du carraton, mss. sur vélin avec *fig. peintes*, dédié à la Reine Anne de Bretagne, in-4. *car. goth.*
127. Les Faitz et Gestes de très-révérend pere en Dieu M. le Légat (George d'Amboise) translatés de latin en français, par maître Jehan Diuri, selon le texte de Fauste Andrelin, in-16. *sans date caract. goth.*
128. Le Pélerinage de l'homme. Paris, Berard, 1511, in-fol. *fig. car. goth.*
129. Le Séjour d'Honneur, par Octavien de Saint-Gelais. Paris, 1514, in-8. *car. goth.*
130. Les Lunettes des Princes, posées par noble Jehan Mechinot, in-4. *sans date ni autre indication, car. goth. mar. r.*
131. Le Jardin de plaisance et fleur de rhétorique,

Paris, veuve Jehan Trepperel et Jehan Jehannot, *sans date*, in-4. *car. goth.*

132. Les Renards traversant les périlleuses voyes des folles fiaces du monde, par Sebastien Brand (Jean Bouchet) in-fol. *fig. caract. goth. mar. r.*

133. Le Labyrinthe de fortune et séjour des trois nobles Dames, composé par l'auteur des renards traversans et loups ravissans, surnommé le traverseur des voyes périlleuses (Jehan Bouchet) in-4. *sans date, caract. goth.*

134. Les Triumphes de la noble et amoureuse dame, et l'art de honnestement aimer, composé par le traverseur des voyes périlleuses (Jean Bouchet). Paris, 1541, in-8.

135. Le Doctrinal de Court, compilé par Pierre Michault, *sans date*, in-4. *car. goth.*

136. Le Doctrinal de Court, par le même. Geneve, 1522, in-4. *car. goth.*

137. Le Nouveau Monde avec l'estrif du pourveu et de l'ellectif, de l'ordinaire et du nommé, etc. Paris, Eustace, 1532, in-8. *car. goth. mar. r.*

138. L'Esperon de discipline, pour inciter les humains aux bonnes lettres, stimuler à doctrine, antiner à science, inviter à toutes bonnes œuvres, etc. lourdement forgé et rudement limé par Antoine Dufaix, 1532, in-4. *car. goth. mar. r.*

139. Le Mirouer du Pécheur, manuscrit, in.16. *sans titre, caract. goth.*

140. Le Ris de Démocrite, et le Pleur d'Héraclite sur les folies de ce monde, in-12. *sans titre, avec fig.*

141. Les Poëtes imprimés chez Coustelier; savoir, Farce de Pathelin, J. Marot, Villon, Coquillart, Faifeu, Martial de Paris, Racan, 10 vol. in-12.

142. Les Faitz et Ditz de feu de bonne mémoire maistre Jehan Molinet. Paris, Jehan Petit, 1537, in-8. *caract. goth.*

Poëtes

Poëtes Français du second âge, depuis Clément Marot jusqu'à Malherbe.

143. OEuvres de Cl. Marot. Lyon, 1538, in-8. *ca. g.*
144. — Les mêmes. La Haye, 1700, 2 vol. in-12. *p. f.*
145. Marot, édition de Lenglet. La Haye, 1731, 4 vol. in-4. *gr. pap.*
146. Delie, object de plus haulte vertu; poésies emblématiques. Lyon, 1544, in-8. *fig.*
147. Opuscules d'amour, par Heroet, la Borderie et autres divers Poëtes. Lyon, 1547, in-8.
148. Le mépris de la Court avec la vie rustique, nouvell. trad. d'espagnol en fr. Paris, 1549, in-16.
149. Le Siecle d'or et autres vers divers, (par Berenger de la Tour). Lyon, 1551, in-8.
150. L'Histoire de Titus et Gisippus, et autres petits œuvres de Beroalde, latin, interprêtés en rime française, par Fr. Habert, 1551, in-8.
151. Idée de la République de François Beroalde de Verville, 1584, in-12.
152. Erreurs amoureuses augmentées d'une tierce partie, plus un livre de vers liriques. Lyon, de Tournes, 1555, in-8.
153. Le Pegme de Pierre Coustau, mis en français par Lanteaume de Romieu. Lyon, Bonhomme, 1555, in-8. *fig.*
154. Les quatres Livres de l'amour de Francine, par Jean-Ant. de Baif. Paris, Wechel, 1555, in-8.
155. OEuvres en rime, de J. Ant de Baif. Paris, 1572, 2 vol. in-8.
156. Les Jeux de J. Ant. Baif. Paris, 1573, in-8.
157. Les Mimes, enseignemens et proverbes, de J. Ant. de Baif. Tolose, 1612, in-12.
158. Les Marguerites de la Marguerite des Princesses, très-illustre Royne de Navarre. Paris, 1558, in-12. *pet. form.*
159. Le premier livre des Paysages du seigneur du

Saussay, Adrian de Gadou. Paris, Buon, 1573. — Les secondes OEuvres poétiques de Jean Boyssieres. Paris, Poupy, 1568, in-4.

160. OEuvres poétiques de Joachim du Bellay, 1569, in-8.

161. OEuvres poétiq. de Claude Turrin, 1572, in-8.

162. Les Decades de l'Esperant, par Guillaume Le Saunyer. Rouen, *sans date*, petit in-16, *avec fig.*

163. La vie, faictz, passion, mort, résurrection et ascension de J. C. mis en vers françoys par Michel Foucqué, 1574, in-8.

164. Les OEuvres et Meslanges poétiques d'Estienne Jodelle, sieur du Lymodin, 1574, in-4.

165. Livret de Folastries, par Etienne Jodelle, poëte tragique, 1584. — Le Meurtre de la fidélité et la Défense de l'honneur, 1609. — L'Ecole de l'intérest et l'université d'amour, 1662, in-12.

166. OEuvres poétiques de Mellin-de-Saint-Gelais. Lyon, 1574, in-12.

167. OEuvres poétiq. d'Amadis Jamyn, 1575, in-4.

168. Le plaisant jeu du Dodechedron de fortune, non moins récréatif que subtil et ingénieux, (par Jean de Meun) 1577, in-8.

169. La Galliade ou de la Révolution des arts et des sciences, par Guy-le-Fevre de la Boderie, 1578, in-4.

170. Opuscules poétiques de Forcadel, 1578, petit in-8. *sans titre.*

171. Poésies de Scevole de Sainte-Marthe, 1579, in-4.

172. Enigmes Françaises d'Alex. Sylvain, 1581, in-8.

173. L'Oreille du Prince, ensemble plusieurs autres OEuvres poétiques de G. du Buys, 1582, in-8.

174. Le Phœnix et autres poésies de Jean Edouard du Monin, in-12, *sans titre.*

175. Les OEuvres poétiques complettes de Guill. de Salluste, sieur du Bartas, 1611, in-fol. *fig.*

176. Commentaires et Annotations sur la Création du monde, de du Bartas, 1583, in-12.

177. Le même livre, 1583, in-4. *gr. pap. lav. rég.*

178. La Semaine, ou Création du monde, du sieur Christophle de Gamon, contre celle du sieur du Bartas. Genève, 1609, in-12.

179. La Biographie et Prosopographie des roys de France, descritte en vers français, avec les pourtraits et figures d'iceux, 1583, in-8.

180. OEuvres de Pierre de Cornu. Lyon, 1583, in-8.

181. La Colombiere et Maison rustique, et autres poésies de Philibert Hégemon, 1583, in-8.

182. OEuvres poétiques de Remy Belleau, 1585, 2 tom. rel. en 1 vol. in-12.

183. Les Cantiques du sieur Maisonfleur, 1586, in-12.

184. Le grand Miroir du monde, par Joseph Duchesne, sieur de la Violette. Lyon, 1587. in-4.

185. Poésies Chrétiennes de Olenix du Mont-sacré, (Nicolas de Montreux) 1587, in-12.

186. Le premier livre des Bergeries de Juliette, etc. de l'invention d'Olenix du Mont-sacré, (le même Nicolas de Montreux) 1588, in-8. *mar. bl.*.

187. Muse guerriere, suivie de l'Hermitage, poëmes, 1589, in-8.

188. Poésies de Guill. du Peyrat. Tours, 1593, in-12.

189. Hymne des Vertus, représentées au vif, par belles et délicates figures. Lyon, Detournes, 1595, in-8. *fig.*

190. Denys Alexandrin, de la situation du monde, trad. de grec en vers fr. par Benigne Saumaize, 1597, in-12.

191. OEuvres poétiques de Philippe Desportes, 1600, in-8.

192. Les Pseaumes de David, mis en vers françois, par Philippe Desportes, avec les chants en musique, par Denis Caignet, 1624, in-8.

193. Premieres poésies du sieur de la Roque. Rouen, 1600, in-12.

194. OEuvres poétiques de Jean Passerat, 1605, in-8.

195. Poésies diverses de la Fresnaye Vauquelin. Caen, 1605, in-8.

196. Poésies de Cesar de Nostredame. Tholose, 1608, in 12.

197. OEuvres complettes de Ronsard, 1609, in-fol.

198. Satyres de Regnier. Londres, 1733, in-4. *gr. p.*

199. Cantiques sur l'heureuse conversion du roi (Henri IV) et sur les conjurations faites contre Sa Majesté, par Claude Gauchet, 1609, in-12.

200. Recueil des plus beaux vers de ce temps, 1609, in-8.

201. La Neotemachie et autres poésies du sieur le Blanc, 1610, in 4.

202. Pseaumes de David, en vers françois, par J. Metezeau, 1610, in-8.

203. Les premieres œuvres poétiques de Paul Ferry Messin. Lyon, 1610, in-12.

204. Poésies de du Peyrat, sur la mort d'Henri-le-Grand, 1611, in-4.

Poëtes Français du troisieme âge, depuis Malherbe jusqu'à nos jours.

205. OEuvres de Malherbe, avec les observations de Ménage, et les remarques de Chevrau, 1723, 3 vol. in-12.

206. Recueil des plus beaux vers de Racan, ses bergeries et autres, 1698. in-12.

207. La Navarride, ou l'Histoire entiere du royaume de Navarre, poëme, par le sieur de la Palme. (Pierre-Victor Palma Cayet, 1602, in-12.

208. La Franciade, de Pierre de Laudun, sieur d'Aigaliers, 1603, in-12.

209. La Franciade, ou Histoire de France, en vers, par Geuffrin, 1623, in-8.

210. Antitheses ou Contrepointes du Ciel et de la Terre, suivies du Bocage de Jossigny, où est compris le Verger des Vierges, par Jacques le Vasseur, 1608, in-8.

211. Ouvrages poétiques de le Vasseur, 1655, in-12.

212. Les Evenemens illustres, ou l'Entretien du Parnasse, par le Vasseur, 1661, in-4.

213. Le Jardin et Cabinet poëtique de Paul Contant. Poitiers, 1609, in-4. *fig.*

214. Le Temps Perdu, d'Isaac du Ryer, 1610, in-8.

215. Poésies et Epigrammes de Maillet, 1612 et 1620, 2 part. in-8.

216. Les Marguerites Poétiques, par Esprit Aubert, 1613. in-4.

217. OEuvres poétiques d'Audiguier, 1613, in-8.

218. Le Sireine, d'Honoré d'Urfé. Au Pont, 1615, in-12.

219. Les Tragiques, donnés au public par le larcin de Promethée (d'Aubigné) au désert, 1616, in-4.

220. Les Perles de Minerve, par A. Gaigneu, 1617, in-12. *oblong.*

221. Les Poëmes divers du S. de Lortigue, 1617, in-12.

222. Le Tableau de la Suisse, en vers français, par Marc Lescarbot, 1618, in-4.

223. La Nouvelle Muse, ou les Loisirs de Jean Godard, Parisien. Lyon, 1618, in-8.

224. Poésies de Lingendes, Maynard et autres, in-12. *sans titre.*

225. Le Parnasse des plus excellens Poëtes de ce temps, ou Muses Françaises, ralliées de diverses parts, 1618, 2 vol. in-12.

226. Le Zodiac Poëtique, ou la Philosophie de la vie humaine, par Riviere, 1619, in-8.

227. Les Quatrains de Pybrac, du Président Faure et de la Vanité du Monde, 1620, in-8.

228. Satyres du sieur de Courval. Rouen, 1627, in-8.

229. Les OEuvres satyriques du sieur de Courval-Sonnet. Paris, 1622, in-8.

230. OEuvres poétiques de Jacques Poille-de-Saint-Gratien, 1623, in-8.

231. Les Poëmes de Claude Expilly. Grenoble, 1624, in-4.

232. OEuvres de Theophile. Rouen, 1636, in-8.

233. Recueil contenant plusieurs pieces rares sur la prison, la vie et la mort de Theophile, auteur du Cabinet satyrique; sa tragédie de Pasiphaé, la maison de Silvie, et autres pieces qui ne sont point dans ses œuvres.—Traité contre les masques, par Jean Savaron, 1624, in-8.

234. Meslanges poétiques, tragiques, comiques et autres, de l'invention de L. D. L. F. Lyon, 1625, in-8.

235. La France consolée, Epithalame pour les noces de Louis XIII, par Favereau, 1625, in-8.

236. Poésies de la Charnays, 1626, in'12.

237. Pieux desirs imités des Latins, du P. Herman Hugo, par P. J. mis en lumiere par Boece de Bolswert. Paris, Cramoisy (Anvers) 1627, in-8. *fig.*

238. Poésies du Comte de Moret. Rouen, 1628, in-8.

239. Chants oraculeux, par Claude de Mons. Amiens, 1628, in-8.

240. Le Paranymphe de la Cour, Poésies du sieur Elis. Rouen, 1628, in-8.

241. OEuvres Poétiques de N. Frenicle, 1629. in-8.

242. Jésus crucifié, poëme du même, 1636, in 12.

243. Paraphrase des pseaumes de David, du même, 1661, in-12.

244. Poésies de Saint-Amant, 1629, in-4.

245. Sentimens de Pierre Forget de la Picardiere, 1630, in-4.

246. = Le même livre, 1646, in-12.

247. La Panthéon et Temple des Oracles, où préside fortune, par Fr. d'Hervé, 1630, in 8.

248. OEuvres Poétiques de Dupinpager, 1630, in-8.

249. Divertissemens de Guill. Colletet, 1631, in-8.

250. Epigrammes du même, 1653, in-12.

251. Les honnêtes Poésies de Placidas Philemon Gody, 1632, in-8.

252. OEuvres saintes du sieur Auvray. Rouen, 1634, in-8.

253. Divertissement poétique d'Alais de Beaulieu, 1654, in-8.

254. Madrigaux avec leurs moralités, par la Villete, 1634, in-12.

255. La Sainte Franciade, poëme contenant la vie, gestes et miracles de S. François, 1634, in-8.

256. Les Palmes du Juste, par le Hayer du Perron, 1635, in-4.

257. Le Sacrifice des Muses au Cardinal de Richelieu, par Boisrobert, 1635, in-4.

258. Epîtres et autres Poésies de Boisrobert, suivies de l'Horace et de l'Ecole de Salerne, en vers burlesques, et du *Poema macaronicum de bello Huguenotico*, 1647 et 1649, in-4.

259. Epîtres en vers, de Boisrobert, 1659, in-8.

260. Le Parnasse Royal, par Boisrobert, 1635, in-4.

261. Le Ramelet moundi, long-tens à crescut d'un Brotou, par P. Goudelin. Toulouso, 1637, in-12.

262. Recueil de Poëtes Gascons. Amst. 1700, 2 vol. in 12.

263. Poésies de Neuf-Germain, 1637, in-4.

264. Les Chevilles d'Adam Billaut, Menuisier de Nevers, 1644, in-4.

265. Le Villebrequin du même, 1663, in-12.

266. Poésies de Dalibray, 1653, in-8.

267. Poésies de Gombauld, 1646, in-4.

268. OEuvres poétiques de Maynard, 1646, in-4.

269. Les Idilles du sieur de Rampalle, 1647, in-4.

270. Vers Héroïques de Tristan l'Hermite, 1648, in-4. *fig.*

271. Les Amours du sieur Tristan, 1662, in-12.

272. Paraprase des Pseaumes en vers fr. par Godeau, 1648, in-4.

273. Saint-Paul, poëme, par le même, 1654, in-12.

274. Les Fastes de l'Eglise, par le même, 1674, in-12.
275. Poésies de Scudéry, 1649, in-4.
276. Alaric, ou Rome vaincue, du même, 1659, in-12, *fig.*
277. Le même Alaric, 1654, in-fol. *fig. gr. p.*
278. Descriptions poétiques du P. de Bussieres. Lyon, 1649, in-4.
279. Virgile Goguenard, suivi du 2e. livre de l'Eneide, en vers burlesques, par Dufrenoy, 1649 et 1652, in-4, *fig.*
280. Poésies de Saint-Amant. Rouen, 1649, in-8.
281. Moyse sauvé, du même. Paris, 1660, in-12.
282. Le même livre, 1653, in-4. *gr. pap.*
283. Poésies de Salomon de Priezac, 1650, in-8.
284. OEuvres de Benserade, 2 vol. in-12.
285. Recueil de Rondeaux, 1650, in-12.
286. OEuvres poétiques de Beys, 1651, in-4.
287. L'Ecclésiaste en vers lyriques, 1652, in-8.
288. Hippocrate dépaïsé, ou la version paraphrasée de ses aphorismes en vers français, par Louis de Fontenettes, 1652, in-4.
289. Les Odes d'Horace, en vers burlesques, 1653, in-4.
290. Ovide en belle humeur, le Ravissement de Proserpine, par d'Assoucy, 1653, 2 v. in-4. *fig.*
291. Satyres de Dulaurens, 1653, in-4.
292. Athys, poëme past. par Segrais, 1653, in-4.
293. Poésies du même, 1658, in-4.
294. L'Art de plaire, par Gilbert, 1655, in-12.
295. Poésies diverses, du même, 1661, in-12.
296. Paraphrase en vers fr. sur les pseaumes, par Pierre Bourg. Nevers, 1655, in-8.
297. La Theresiade, on le Charivari de S. Thomas, poëme héroï-comique, *sans date*, in-8.
298. Les Voyageurs inconnus et autres poésies, 1655, in-12.
299. Poésies du sieur Duperret, 1656, in-12.
300. La Stimmimachie, ou le grand combat des Médecins,

Médecins, touchant l'usage de l'antimoine, poëme histori-comique, 1656, in-8.

301. La Pucelle, de Chapelain, 1656, in-fol. *gr. pap. fig.*

302. La même, 1657, in-12. *fig.*

303. Lettre sur le Poëme de la Pucelle de Chapelain, suivie du Voyage de Mercure; satyre, 1653 et 1656, in-4.

304. Lucain travesti en vers enjoués, par Brebœuf. Rouen, 1656, in-8.

305. Pharsale de Lucain, en vers français, du même, 1663, in-12.

306. Pieces diverses, du même, 1662, in-12.

307. Entretiens Solitaires, en vers, du même, 1664, in-12.

308. La Muse naissante du petit de Beauchateau; 1657, in-4. *fig.*

309. Poésies diverses, d'Octavie, 1658, in-12.

310. OEuvres diverses, en vers, de P. Corneille, 1738, in-12.

311. Imitation de Jesus-Christ, en vers, par P. Corneille. Paris, 1665, in 12. *fig.*

312. La même. Bruxelles, 1704, in-12. *fig.*

313. Dixains Spirituels, par L. le Camus, procureur, 1658, in-12.

314. S. Louis, poëme du P. le Moyne, 1658, in-12.

315. Entretiens Poétiques, du même, 1665, in-12.

316. OEuvres complettes du P. le Moyne, 1672, in-fol. *fig.*

317. Poésies de Malleville, 1659, in-12.

318. Pieces Galantes de mad. La Suse et Pelisson, 1741, 5 vol. in-12.

319. Poésies de Cotin, et sa Pastorale sacrée, 1659, 2 vol. in-12.

320. Poésies du sieur Desmares, 1659, in-8.

321. Poésies de Duteil, 1659, in-12.

322. David, poëme, par Lesfargues, 1660, in-12.

323. Élégies sur Job, par la Groudiere, 1660, in-12.

324. Judith, poëme, par mademoiselle Calage. Tolouse, 1660, in-4.
325. Poésies choisies de divers Auteurs, 1660, 5 vol. in-12.
326. Le Parnasse Séraph. du P. Martial, 1560, in-8.
327. OEuvres Poëtiques de Perrin, 1661, in-12.
328. Hélie, poëme héroique, 1661, in-12.
329. Poësies de C. le Petit, 1662, in-12.
330. Séneque Mourant, poëme, par Duval, 1662, in-12.
331. Ovide travesti, ou les Métamorphoses en vers burlesques, par Richer, 1662, in-12.
332. Poésies sur la mort et les miseres de la vie, par le P. le Breton, 1663, in-8.
333. Poésies de M. de Bouillon, 1663, in-12.
334. Les Délices de la Poésie Galante, 1663, in-12.
335. Pompe Funebre de Mazarin, poëme, par Duval, 1664, in-fol. *fig.*
336. Charlemagne, poëme, par Louis le Laboureur, 1664, in-8. *lav. régl. mar. r.*
337. Poésies de Coras, 1666, in-12.
338. Poésies et OEuvres Galantes de C... 1665, in-12.
339. Clovis de Desmarets, 1666, in-12. *fig.*
340. Le même, 1681, in-4. *fig.*
341. Marie-Magdeleine, poëme du même, 1669, in-12.
342. Heures de la Vierge, en vers, du même, 1670, in-12. *fig.*
343. Esther, poëme, du même, 1673, in-12.
344. La Muse Dauphine, par Subligni, 1667, in-12.
345. Pieces Galantes, en vers et prose. Cologne, 1667, in-12.
346. Petrone, en vers, trad. nouv. 1667, in-12.
347. Poésies de la Bucaille, 1668, in-12.
348. Charles Martel, poëme de Sainte-Garde, 1668, in-12.
349. Récréations Poétiques, de Dufour, 1669, in-12.
350. Les Valentins, questions d'amour, en vers, etc, 1669, in-12.

351 Maximes politiques, en vers, par l'Abbé Esprit, 1669, in-12.
352 Sentimens d'Amour, par Corbinelli, 1671, 2 vol. in-12.
353. Poésies de Perrin. Paris, 1671, in-12.
354. Contes de la Fontaine. Hambourg, 1731, in-12.
355. Les mêmes. Amst. 1696, 2 vol. in-8. *fig.* de R. de Hooge.
356. Les mêmes. Amst. 1743, 2 vol. in-8. *fig.*
357. Poésies Chrétiennes de la Fontaine, 1671, 3 vol. in-12.
358. Poésies de Pinchesne, 1672 et 1674, 2 v. in-4.
359. Regulus, poëme héroïque, 1671, in-4.
360. Fables de Furetiere, 1671, in-12.
361. Fables en quatre vers, par Vaudin, 1707, in-12. *obl.*
362. Fables de Faerne, en vers, par Perrault. Amst. 1718, in-8.
363. Fables de la Mothe, 1719, in-4. *fig.*
364. Les mêmes, in-12.
365. Fables nouvelles, de Richer, 1729, in-8.
366. Fables nouvelles, de Pesselier, 1748, in-8.
367. Fables Grecques, Esopiques et Sybaritiques, en vers fr. par de Frasnay. Orléans, 1750, 2 vol. in-12.
368. Fables en quatrains, par Delacour Damonville, 1753, in-12.
369. Fables et Contes, en vers, 1754, in-12.
370. Fables nouvelles, 1756, in 12.
371. Fables nouvelles, par Peras, 1761. in-12.
372. Commentaire sur l'Ecole de Salerne, en vers, 1671, in-12.
373. OEuvres de Marigny, 1674, in-12.
374. OEuvres Poétiques du Président Nicole, 1676, 2 vol. in-12.
375. Préceptes Galans, poëme, par Ferrier, 1678, in-12.

376. Abrégé de l'Histoire de France, en vers, par Berigny, 1679, in-12.

377. Le Faut Mourir, en vers burlesques, par Jacques Jacques. Rouen, 1680, in-12.

378. Poésies de madame de Lauvergne, 1680, in-12.

379. Poésies de Deshoulieres, 1732, 2 vol. in-8.

380. Saint-Paulin et Adam, poëmes de Perrault, 1987 et 1697, 2 vol. in-8.

381. Satyres générales, par Petit. Rouen, 1686, in-12.

382. Poésies du P. Mauduit. Lyon, 1686, in-12.

383. Poésies Chrétiennes de Courtin, 1687, in-12.

384. Stances Chrét. de l'Abbé Testu, 1688, in-12.

385. Vérités sur les mœurs, 1694, in-12.

386. Pseaumes de David et Cant. en vers, 1694, in-8.

387. Poésies de J. Godard, Lyon 1694, in-8.

388. Apophtegmes, bons mots, etc. en vers. Toulouse, 1694, in-12.

389. Copies de Lucien et la Métamorphose de Daphné, dialogues en vers, par Julien, 1696, in-12.

390. Billets galants et amoureux, en vers, par Saint-Ussans, 1696, in-12.

291. L'Art d'Aimer, ou le Guide des Amans, avec la jouissance de leurs aimables desseins, poëme, 1696, in-12.

392. OEuvres de Bachaumont et Chapelle, 1755, in-12.

393. Idylles Françaises, suivies de celles de Bion et de Moschus, 1697, in-12.

394. Le Poëte sincere, ou les vérités du Siecle. Anvers, 1698, in-12.

395. Le Poëte sans fard, par Gacon. — L'Anti-Rousseau, du même, 2 vol. in-12.

396. La Magdelaine, poëme du P. S. Louis. Lyon, 1700, in-12.

397. Les Vérités plaisantes, ou le Monde au naturel. Rouen, 1702, in-12.

449. Poésies de Lainez, 1753, in-8.
450. Satyres nouv. et autres pieces de Littérature, 1754, in-8.
451. Imitation des Odes d'Anacréon, en vers fr. 1754, in-12.
452. Les Égleides, Poésies amoureuses, 1754, in-12.
453. La Muse Limonadiere, par Mde. Bourette, 1755, 2 vol. in-12.
454. La Pipe cassée, poëme, in-8. *fig.*
455. Le Vaudeville, poëme, 1756, in-8.
456. La Colombiade, de Madame Dubocage, 1756, in-8. *fig.*
457. L'Esculapédie, poëme, 1757, in-12.
458. Poésies sur la Prise de Port-Mahon, 1757, in-8.
459. Poésies de Latteignant, 1757, 4 vol. in-12.
460. Mon Odyssée, ou Journal de mon retour de Saintonge, 1760, in-8.
461. Le Balai, poëme, 1761, in-12.
462. La Petrissée ou Voyage de Sire Pierre en Dunois, 1763, in-12.
463. OEuvres de l'Abbé de Lamarre, 1763, in-12.
464. Clovis, poëme héroï-com., avec des Remarq. histor. et crit. 1763, 3 vol. in-12.
465. Zélis au Bain, poëme, 1763, in-8. *fig.*
466. Poésies de Madame Guibert, 1764, in-12.
467. La Bardinade, ou les Noces de la Stupidité, poëme, 1765, in-8.
468. Le Porte-Feuille d'un homme de goût, ou l'Esprit de nos meilleurs Poëtes, (par l'Abbé de la Porte) 1765, 2 vol. in-12.
469. Les Baisers, par Dorat, 1770, in-8. *fig. gr. p.*
470. Opuscules Poëtiques de Feutry, 1771. in-8.

Poëtes Italiens.

471. Le Dante, trad. en vers fr. par Grangier, 1597, 3 vol. in-12.
472. Les Triumphes de Pétrarque, trad. de lan-

gue Toscane en rhime françoyse, par le Baron d'Opede, 1538, in-16. *fig.*

473. Pétrarque, trad. par Philieul. Avignon, 1555, in-8.

474. Sonnets de Pétrarque, trad. en vers fr. et autres poésies de Hiérosme d'Avost, 1584, in-8.

475. Pétrarque, en vers français, par Maldeghen. Douay, 1606, in-12.

476. OEuvres amoureuses de Pétrarque, trad. par Cantanusi, l'italien à côté, 1669, in-12.

477. L'Arioste Françoes de Jean de Boessieres de Montferrand an Auvernie. Lyon, 1580, in-8.

478. Roland furieux de l'Arioste, trad. par Rosset, 1643, in-4. *fig.*

479. L'Arcadie de Sannazar, 1738, in-12.

480. Rime di Annibal Caro. Venet. 1584, in-4.

481. Gierusalemme liberata di Tasso. Amst. Elzevir, 1678, 2 vol. in-32, *fig.*

482. Jérusalem délivrée, trad par Baudoin, 1626, 2 vol. in-8. *fig.*

483. La Coltivatione di Luigi Alamanni. In Parigi, Ruberto Stephano, 1546, in-4

484. Rime di Andrea Calmo. Venet. 1581, in-8.

485. Stanze di diversi autori. Venet. 1563, in-12.

486. Stanze di Agnolo Poliziano, Pietro Bembo, e Luigi Tansillo. Fiorenza, 1753, in-12.

487. Sattire ital. Venetia, 1563, in-8.

488. Le Nuove Fiamme, di Lod. Paterno. Lione, 1568, in-12.

489. Rime di Giov. della Casa, con le annotazioni di Menage, 1667, in-8.

490. Le Seau enlevé, ital. et fr. 1678, 2 vol. in-12.

491. Richardet, poëme, trad de l'ital. 1766, in-8.

492. Ameto, comedia delle Ninfe Fiorentine di Boccaccio da Certaldo. Venet. 1586, in-12.

493. Rime d'Isabella Andreini. Milano, 1601, in-4.

494. — Le Medesime. Milano, 1605, in-12.

495. Rime d'Anton. Ongaro. Venet., 1602, in-12.

496.

496. Rime di Gasp. Murtola. Venet. 1604. — Delle Pescatorie, del medesimo. Roma, 1617. — Canzonette del medesimo. Venetia, 1618, 3 v. in-12.

497. Il Palladio, poemetto di Bocchineri, 1611, in-4.

498. Rime di Fran. della Valle. Napoli, 1617, in-12.

499. Rime di Girolamo Preti. Milano, 1618, in-12.

500. La Sampogna del Cav. Marino, 1620, in-12.

501. La Galeria del Cav. Marino. Venet. 1620, in-12.

502. La Murtoleide Fischiate del Cav. Marino; con la Marineide risate del Murtola. Francofort, 1626, in-12.

503. Venetia libera, poema di Pançetti da Serravalle. Venetia, 1622, in-4.

504. Rime del Cav. Paoli. Roma, 1637, in-12.

505. Opere di Fulvio Testi. Milano, 1658, in-22.

506. Poesie di Muscettola. Venetia, 1661, in-12.

507. Irifiuti di Pindo, Poesie d'Aurelia Fedeli, 1666, in-12.

508. Le Pazzie de' Savi, poema di Bartol. Bocchini. Bologna, 1669, in-12.

509. Rime de' piu illustri Poeti italiani dall' Abb. Antonini, 1732, in-12.

510. La Primavera, poema di Kleist, tradotto da Giampetro de Tagliazucchi, 1755, in-12.

511. La Filosofia, per tutti lettere scientifiche in versi Martelliani da Pietro Chiari. Venezia, 1756, in-4.

Poëtes Espagnols, Portugais, Anglais et Allemands.

512. Obras de Don Juan de Tarsis. Madrid, 1743, in-4.

513. La Lusiade du Camoens, trad. du Portugais, par Duperron de Castera, 1735, 3 vol. in-12.

514. Principes de la Morale et du Goût, ou l'Essai sur l'homme et sur la critique, trad. de l'anglais

de Pope, en vers, par du Resnel. Amsterdam, 1739, in-12.

515. La Boucle de Cheveux enlevée de Pope, trad. en vers fr., suivi de Balsora, ou la Sultane posthume, nouvelle Persanne, en vers, 1742, in-8.

516. Fables de Gay, trad. de l'Angl., par madame de Keralio, 1759, in-12.

517. Poésies de Haller, trad. de l'Allemand. Zuric, 1752, in-12.

518. Choix de Poésies Allemandes, par Huber. 1766, 4 vol. in-8.

Poésie Dramatique.

Traités préliminaires sur la Poésie dramatique et l'art du Théâtre en général.

519. Cæsaris (Julii) Bulingeri de Theatro, Ludisque Scenicis libri duo. Tricassibus, Chevillot, 1603, in-8.

520. La Supplica, overo Discorso famigliare di Niccolo Barbieri intorno alla Comedie mercenarie. In Venezia, 1634, in-8.

521. Traité de la Comédie et des Spectacles, *trad. Ecclesiae de Comœdiâ et Spectaculis*, 1667, in-8.

522. Dissertation sur la condamn. des Th. 1666. — L'Art de la Poésie Fr., 1675, in-12.

523. Observ. sur les condamn. prononcées contre les Coméd., par Fagan, 1751. — Réfutation de cet Auteur, 1752, 2 vol. in-12.

524. Idée des Spectacles anciens et nouveaux, par de Pure, 1668, in-12.

525. Des Représentations en musique anciennes et modernes, (par le P. le Menestrier) 1681. — Des Ballets, par le même, 1682, 2 vol. in-12.

526. L'Art du Théâtre, par d'Aubignac. Amsterdam, 1715, 2 vol. in-8. *gr. pap.*

527. L'Art du Théâtre en général, 1769, 2 v. in-12.
528. Réform. du Théâtre, par Riccoboni, 1743, in-12.
529. L'Art du Théâtre, par Riccoboni, 1750, in-8.
530. Le Comédien, par Rémond de Saint-Albine, 1747, in-8.
531. Réflexions sur le Comique larmoyant, 1746, in-12.
532. Leçons de Thalie, ou Tableau des divers ridicules que la Comédie présente, 1751, 2 v. in-12.
533. Essais de Contes moraux et dramatiques, 1765, in-12.
534. Esprit des Tragédies et Tragi-Comédies, 1766, 3 vol. in-12.

Poëtes Dramatiques Grecs.

535. Théâtre des Grecs, de Brumoy, 3 vol. in-4.
536. Tragédies de Sophocle, traduites par Dupuy, 1762, in-4.
537. L'Œdipe et l'Electre de Sophocle, en franç. 1692, in-12.
538. L'Œdipe de Sophocle, et les Oiseaux d'Aristophane, trad. par Boivin, 1729, in-12.
539. Euripidis Tragædiæ è prelectionibus Philippi Melanthonis. Basileæ, 1558, 2 vol. in-8.
540 Aristophanis Comœdiæ, ex interpret. Andreæ Divi. Basileæ, 1552, in-8.
541. Le Plutus et les Nuées d'Aristophane, trad. en fr. par mademoiselle Lefevre, 1684, in-12.

Poëtes Dramatiques Latins anciens.

542. Plaute, lat et fr. de Marolles, 1658, 4 v. in-8.
543. Plaute, lat. et fr. de madame Lefevre Dacier, 1683, 3 vol. in-12.
544. Plaute de Gueudeville. Leyde, 1719, 10 vol. in-12. *fig.*

545. Plaute de Limiers. Amst. 1719, 10 vol. in-12. *fig.*

546. Terentius, Farnabii. Amst. 1681, in-12.

547. — Id. ad usum Delphini. Lond. 1723, in-8.

548. Le Grant Therençe, en françoys, tant en rime qu'en prose. Paris, 1534, in-fol. *car. goth. fig. en bois.*

549. Terence de Marolles, 1659, 2 vol. in-8.

550. Terence de madame Dacier. Amst. 1724, 3 v. in-12. *fig.*

551. Tragédies de Séneque, lat. et fr., trad. par Marolles. 1660, 2 vol. in-8.

Poëtes Dramatiques Latins modernes.

552. Frischlini, Opera Scenica. Argentor. 1585, in-8.

553. Tragedia Carthaginienses. aut. D. Petau. S. J. Flexiæ, 1614, in-12.

554. Delrii Syntagma Tragœdiæ latinæ, 1693, in-4.

555. Mussonii Tragœdiæ. Flexiæ, 1621, in-8.

556. Porterii, Tragœdiæ. Cenomanis, 1624, in-8.

557. Vernulæi, Tragœdiæ. Lovanii, 1626, in.8.

558. Cellotii, Tragœdiæ et alia opera. 1630, in-8.

559. Selectæ, Tragœdiæ PP. Soc. Jesu. Antuerpiæ, 1634, in-24.

560. Porée, S. J., Tragœdiæ, 1645, in-12.

561. Humbertus, Tragœdia, authore R. P. S. G. Relig. Clun. 1632, in-4. *Tr. en 5 actes, dont l'exposition du sujet de chacun est en vers fr. Elle contient, d'ailleurs, de singulieres plaisanteries aussi en vers fr. rare, non indiq.*

562. Alexius, trag. Car. de Lignieres. 1665, in-12.

Poëtes Dramatiques Français.

I. *Introduction et Histoire du Théâtre Français.*

563. Le Théâtre Fr. sur l'usage de la Comédie, etc. par Chappuseau, 1674, in-12.

564. Essai sur la connoissance des Th. Fr. 1751, in-12.

565. Hist. du Théâtre Fr. par Parfait, 15 v. in 12.

566. Hist. du Th. Fr. par de Mouhy, 3 v. in-8.

567. Tablettes dram. par de Mouhy, 1752, in-8.

568. Dictionn. des Théâtres, 1756, 7 vol. in-12.

569. Dictionn. des Théâtres, par Leris, 1763, in-8.

570. Bibliotheque du Théâtre Fr. (par le duc de la Valliere), 1768, 3 vol. in-8.

571. Lettres hist. sur les Spectacles, 1719, in-12.

572. Biblioth. des Théàtres, 1733, in-8.

573. Muses Fr. ou Tableau des Théâtres, 1764, in-8.

574. Anecdotes dramatiques, 1775, 3 vol. in-8.

II. *Mysteres.*

575. Le Mystere de la Conception, Nativité, Mariage et Annonciation de la Benoiste Vierge Marie, avec la Nativité de J. Chr. et son enfance, par Jehan Michel. Paris, Alain Lotrian, 1540, in 4. *car. goth.*

576. Le Mystere de la Conception, ect. de la Benoiste Vierge Marie. — Le Mystere de la résurrection de N. S. J. Chr. par personnaiges, in-4. *car. goth.*

577. Le Mystere des actes des Apôtres, par personnaiges (par Arnoul et Simon Greban). Paris, les Angeliers, 1540. *caract. goth.* 2 tom. en un vol. in-4. *mar. rouge.*

III. *Théâtres par ordre chronologique.*

578. OEuvres d'Et. Jodelle, 1574, in-4.

579. Théâtre de Rob. Garnier, in-12. *sans titre.*

580. Théâtre de Roland Brisset. Tours, 1590, in-4.

581. Théâtre de Jean Godard. Lyon, 1594, in-8.

582. Tragédies et OEuv. de Montchrétien. Rouen, 1627, in 8.

683. Théâtre d'Alexandre Hardy, 1624, 6 v. in-8.

584. Tragédies et autres poésies de Charles Bauter, dit Meliglosse, 1605, in-12.
585. Théâtre sacré, par P. Nancel, 1607, in-8.
586. Tragéd. fr. de Cl. Billard, 1610, in-8.
587. Théâtre de P. du Ryer, 1666, 2 vol. in-4.
588. Théâtre de Mairet, 4 vol. in-4.
589. Le Trebuchement de Phaeton. — La Mort de Roger. — La Mort de Bradamante. — Andromede. — Athamas. — La Folie de Silene, (par un anonyme) 1623, in-8. *très-rare.*
590. Théâtre de Borée. Lyon, 1627, in-8.
591. Théâtre de P. Corneille, 1664, 2 vol. in-fol.
592. Théâtre de P. et Th. Corneille, 1738, 11 vol. in-12.
593. Théâtre de Rotrou, 1631 à 1652, 12 v. in-4.
594. Théâtre de Scudery, 1631, et suite, 8 v. in-4.
595. Théâtre de Rayssiguer, 1632, 3 vol. in-8.
596. Théâtre de du Rocher, 1636, in-8.
597. Théâtre de Joyel, 1633, in-8. *Auteur non cité dans le dictionnaire des Théâtres.*
598. Comédies de Boisrobert, 1655, in-12.
599. Théâtre de Tristan l'Hermite, 1637 à 1654, 2 vol. in-4.
600. Théâtre de Desmarets, 1641, in-4.
601. Théâtre de d'Ouville, 1638, in-4.
602. Théâtre de Guerin de Bouscal, 1637 et suite, 3 vol. in-4.
603. Théâtre de Chapoton, 1638 et 1640, in-4.
604. Théêtre de Levert, 1638 à 1646, in-4.
605. Théâtre de Regnault, 1640 à 1642, in-4.
606. Théâtre de la Case, 1641, in-4.
607. Théâtre de Scarron, 1675, 3 vol. in-12.
608. Théâtre de Boyer, 1665, in-12.
609. Théâtre de de Prades, 1649 et suite, in-4.
610. Théâtre de Montauban, 1653, in-12.
611. Théâtre de Cyrano Bergerac, 1658, in-12.
612. — Le même, en 2 vol. in-4.
613. Théâtre de Lafontaine. La Haye, 1701, in-12.

614. Théâtre de Lambert, 1661, in-12.
615. Théâtre de Montfleury, pere et fils, 1739, 3 vol. in-12.
616. Théâtre de Poisson, 1743, 2 vol. in-12.
617. Théâtre de Boursault, et pieces diverses sur la condamnation ou permission des Spectacles, 1694 et 1725, 4 vol. in-12.
618. Théâtre de mademoiselle Desjardins, (depuis, madame de Villedieu) 1664, in-12.
619. Théâtre d'Hauteroche, 1736, 3 vol. in-12.
620. Théâtre de Pradon, 1744, 2 vol. in-12.
621. Theâtre de la Thuillerie, 1696, in-12.
622. Théâtre de la Chapelle, 1683, in-12.
623. Théâtre de Campistron, 1731, 2 vol. in-12.
624. Théâtre de Baron, 1736, 2 vol. in-12.
625. Théâtre de Dancourt, 1738, 8 vol. in-12.
626. Théâtre de Regnard, 1731, 5 vol. in-12.
927. Théâtre de Brueys et Palaprat, 1735, 4 v. in-12.
628. OEuvres de Dufreny, 1731, 6 vol. in-12.
629. Tragédies et OEuvres poétiques du P. Colonia. Lyon, 1697, in-12.
630. Tragédies Chrétiennes. Jesus Maria : sur le martyre des Saints Innocents. Jesus Maria : sur le martyre de Saint Hermenegilde. Jesus Maria : sur le martyre de Saint Sébastien, in-8. *sans date ni autre titre, non indiq. dans le dict. des Th.*
631. Théâtre de la Grange-Chancel, 1735, 3 vol. in-12.
632. Théâtre de le Grand, 1770, 4 vol. in-12.
633. Théâtre de Passerat. Bruxelles, 1695, in-12. *fig.*
634. Théâtre de Lafosse, 1737, in-12.
635. Théâtre de Danchet, 1751, 4 vol. in-8.
636. Théâtre de le Sage, 1739, 2 vol. in-12.
637. Théâtre et aut. OEuv. de Boindin, 1753, 2 v. in-12.
638. Théâtre de Mlle. Barbier. Leyde, 1719, in-12. *fig.*
639. Théâtre de Nadal, 1738, 3 vol. in-12.

640. OEuvres de Crebillon, 1737, 2 vol. in-12.
641. — Les mêmes, Imp. R. 1750, 2 v. in-4.
642. Théâtre de Lafont. Amst. 1746, in-12.
643. Théâtre de Destouches, 1736, 5 vol. in-12.
644. — Le même. La Haye, 1742, 4 vol. in-12.
645. — Le même, Imp. Roy. 1757, 4 vol. in-4.
646. Théâtre de Marivaux, 1732, 7 vol. in-12.
647. Théâtre du Président Hénault, 1770, in-8.
648. Théâtre et aut. OEuvres de Madame Gomez, 1724, in-12.
649. Théâtre de Sainte-Foix, 1748, 2 vol. in-12.
650. Théâtre de Boissy, 1758, 9 vol. in-8.
651. Théâtre de Piron, 1758, 3 v. in-12. *fig.*
652. Tragédies du P. Follard, jés. 1722, in-8.
653. Théâtre d'Aigueberre, (les trois Spectacles) 1729, in-8.
654. Théâtre d'Avisse, 1742, in-8.
655. Théâtre de M. de Launay, 1733, in-12.
656. Théâtre de la Tournelle, contenant 4 Tragéd. différentes d'OEdipe, 1731, in-12.
657. Théâtre de Mde. de Richebourg, 1732, in-12.
658. Théâtre de Fagan, 1760, 4 vol. in-12.
659. Théâtre de Morand, 1751, 3 vol. in-12.
660. Théâtre de Laffichard, 1746, in-12.
661. Théâtre de Croquet, avec les Saturnales Françaises, 1737, in-12.
662. Théâtre de Guyot de Merville, 1742, 2 v. in-8.
663. Théâtre de Pesselier, 1737, in-8.
664. Théâtre de Pannard, 1763, 4 vol. in-12.
665. Théâtre de Voisenon, 1753, in-12.
666. Théâtre de Bret, 1765, in-12.
667. Théâtre de Lanoue, 1765, in-12.
668. Théâtre de Marmontel. La Haye, 1752, in-12.
669. Théâtre de Disson. Dijon, 1752, in-8.
670. Théâtre de Rochon de Chabannes, 1786, 2 v. in-12.
671. Théâtre de Diderot, 1757 et 1758, 2 v. in-8.
672. Théâtre d'un anonyme, 1761, in-12.

673. Théâtre de Marin, 1765, in-8.

674. Théâtre de Mercier, 1776, 2 vol. in-8.

IV. *Collections de Pieces de Théâtre.*

675. Collection de Pieces de Théâtre, tant anciennes que modernes de différens auteurs, 20 v. in-12.

676. Autre Collection. 12 vol. in-8.

677. Autre Collection. 10 vol. in-4.

678. Autre Collection. 20 vol. in-4.

679. Le Théâtre Français, ou Recueil des meilleurs pieces de Théâtre des anciens Auteurs, 1705, 5 v. in-12.

680. Recueil choisi et mêlé des meilleures pieces du Théâtre Fr. et Ital. La Haye, 1733, 7 v. in-8.

681. Le nouveau Théâtre Français. Utrecht, 1735, 12 vol. in-12. *pet. form.*

682. Théâtre Français, ou Recueil des meilleures pieces de théâtre, 1737, 12 vol. in-12.

683. Petite Bibliotheque des Théâtres, années 1784, 85, 86, 87, 88 et 89, 72 vol. in-12. *pet. form. brochés;* manque le tom. 2 de l'année 1784.

V. *Pieces de Théâtres séparées. in-4.*

Nota. *Les mots abrégés* non indiq. *signifient que les pieces ne se trouvent point indiquées dans les Dictionnaires des Théâtres.*

Alinde, trag. de la Mesnardiere, 1643, in-4.
Amarillis, past. (anon.) 1650, in-4.
Amours de Colin et Alyson, past. par de Chabanois (F. Rempnoux) en lang. provençale, 1641, in-4. *rare, non indiq.*
Aristodeme, tr. de Boyer, 1649, in-4.
Aristotime, tr. de Levert, 1642, in-4.
Aveugle (l') de Smyrne, tr. com. par les cinq auteurs, 1638, in-4.
Avocat (l') dupé, com. par Chevreau, 1637, in-4. *rare.*
Belle (la) Egyptienne, tra. com. de Sallebray, 1642, in-4.
Belle (la) Esclave, tr. com. de l'Etoille, 1645, in-4.
Blanche de Bourbon, tr. com. de Regnault, 1642, in-4.

Capitan ou le *milles gloriosus* de Plaute, com. (anon.) 1639, in-4. *rare.*

Cassandre, Comtesse de Barcelone, tr. com. de Boisrobert, 1654, in-4.

Chastes Martyrs, (les) tr. par Mlle. Cosnard, 1650; in-4. *rare.*

Chûte de Phaéton, (la) tr. par Vozelle, 1639, in-4. *rare.*

Comédie des Tuileries, (la) par les cinq auteurs, 1638, in-4.

Comte d'Essex, (le) tr. par la Calprenede, 1639, in-4.

Cléopâtre, tr. de Benserade, 1636, in-4.

Cyminde, ou les deux Victimes, tr. com. de Colletet, 1642, in-4.

Eunuque, (l') com. de La Fontaine, 1654; in-4.

Eurimedon, ou l'illustre Pirate, tr. com. par Desfontaines, 1637, in-4.

Europe, com. hér. (par le Card. de Richelieu) 1643, in-4. *rare.*

Farce des Courtisans de Pluton (la) et leur pélerinage en son royaume, par le Sieur de la Valize, 1649, in-4. *piece satyr. extrêmement rare, non indiq.*

Fêtes galantes, (les) com. par Robert, 1713, in-4. *mss.*

Galimatias, (le) tr. com. de Rosiers-Beaulieu, 1639, in-4.

Hercule furieux, tr. par Nouvelon, 1639, in-4.

Hermogene, tr. com. de Desfontaines, 1639, in-4.

Jeanne de Naples, tr. par Magnon, 1656, in,4. *rare.*

Injustice punie; (l') tr. de Duteil, 1641, in-4.

Innocent exilé, (l') tr. com. par Provais, 1640, in-4. *rare.*

Innocent malheureux, (l') ou la mort de Crispe, tr. de Grenaille, 1639, in-4.

Jonathas, tr. de Duché, 1700, in-4.

Jugement de Pâris, (le) et le ravissement d'Helene, tr. com. de Sallebray, 1639, in-4.

Jumeaux martyrs, (les) tr. par Mde. de S. Balmon, 1650, in-4. *rare.*

Juste vengeance, (la) tr. com. (anon.) 1641, in-4. *rare.*

Lucrece romaine, tr. par Chevreau, 1642, in-4.

Marguerite de France, tr. com. par Gilbert, 1641, in 4.

Mariage d'Oroondate et de Statira, (le) tr. com. par Magnon, 1649, in-4. *rare.*

Martyre de S. Eustache, (le) tr. par Desfontaines, 1643, in-4.

Mort de Germanic Cæsar, (la) tr. par Griguette. Dijon, 1646, in-4. *rare, non indiq.*

Mort de Pompée, (la) tr. par Chaulmer, 1638, in-4. *très-rare.*

Mort de Roxane, (la) tr. par I. M. S. 1648, in-4. *rare.*

Mort des enfans de Brute, (la) tr. par la Calprenede, 1648, in-4.

Orphise, ou la Beauté persécutée, tr. com. par Desfontaines, 1638, in-4.

Perselide, ou la Constance d'amour, tr. com. (anon.) 1646, in-4. *rare.*

Porus, tr. de Boyer, 1648, in-4.
Prince fugitif, (le) poëme dram. de Baro, 1649, in-4. *rare.*
Pucelle d'Orléans, (la) tr. (anon.) 1642, in-4. *rare.*
Rodogune, tr. de P. Corneille, 1647, in-4.
Rosemondé, ou la Reîne des Gepides, in-4. *mss.*
Saint Eustache, martyr, poëme dram. par Baro, 1649, in-4. *rare.*
Soltane, (la) tr. par Gab. Bounin, 1561, in-4. *rare.*
Téléphonte, tr. com. par le Card. de Richelieu, 1643, in-4. *rare.*
Thésée, ou le Prince reconnu, tr. en prose, par Puget de la Serre, 1643, in-4. *rare.*
Trahisons d'Arbiran, (les) tr. par d'Ouville, 1638, in-4.
Trois Orontes, (les) com. de Boisrobert, 1653, in-4.
Turne de Virgile, (le) tr. par La Brosse, 1647, in-4. *rare.*
Vraie suite du Cid, (la) tr. com. par Desfontaines, 1638, in-4.
Véritable suite (la) et le Mariage du Cid, tr. com. par Chevreau, 1638, in-4.
Virginie romaine, (la) tr. de Leclerc, 1645, in-4.

VI. Pieces de Théâtre séparées, in-8. et in-12.

Abailard et Eloïse, piece dram. par Guis, 1752, in-12.
Aben-Said, tr. de l'Abbé Le Blanc, 1743, in-8.
Actrice nouvelle, (l') com. (anon.) 1722, in-8.
Adam et Eve, tr. lyr. 1752, in-12.
Adam et Eve, tr. de Tanevot 1752. — Tout pour l'Amour, ou le Monde bien perdu, tr. trad. de l'anglais par l'Abbé Prevost, 1735, in-8.
Adieux du goût, (les) com. par Patu et Portelance, 1754, in-12.
Adonis, tr. et quelques autres vers de Le Breton, 1597, in-12. *très-rare.*
Agarite, tr. com. de Durval, 1636, in-8. *rare.*
Agrippa, ou le faux Tiberinus, tr. de Quinault, 1663, in-12.
Alexandre, tr. par Fenelon, 1754, in-8.
Alexandre et Darius, tr. par Laferie, 1723, in-12.
Alizon, com. par Discret, 1664, *rare.*
Alphonce et Aquitime, ou le Triomphe de la foi, tr. par Laroque-Cusson. Bordeaux, 1721, in-8. *rare.*
Amans déguisés, (les) com. par Doué, 1728, in-8.
Amaranthe, past. de Gombauld, 1631, in-8.
Amazones révoltées, (les) roman moderne en forme de parodie, etc. par Bouciquault. Rotterdam, 1730, in-12.
Amour Berger, (l') com. past. (anon.) Rouen, 1687, in-12.
Amours d'Angélique et de Médor, tr. (anon.) Troyes, 1620, in-8. *rare.*

Amours d'Astrée et de Céladon, tr. com. past. de Rayssiguier, 1632, in-8.

Amours de Diane et d'Endimion, (les) tr. par Gilbert, 1657, in-12.

Amours d'Ovide, (les) tr. par Gilbert, 1663, in-12.

Amphitrite, tr. com. par Monleon, 1630, in-8. *rare*.

Annibal, tr. de Marivaux, 1727, in-12.

Aphos, com. par Baragué, 1748, in-8.

Argenis, tr. com. de Du Ryer, 1631, in-8.

Arlequin à la guinguette, opér. com. par Pellegrin, 1711, in-12.

Arlequin balourd, com. par Proçoppe-Couteaux. Londres, 1719, in-8.

Arlequin, Comédien aux Champs Elisées, par Bordelon, 1694, in-12.

Arlequin Marchand de Pantins, opér. com. Metz, in-8. *sans date, rare non ind.*

Art et la Nature, (l') com. par Chollet 1738, in-8.

Artaxare, tr. de la Serre, 1734, in-8.

Avantures amoureuses d'Omphalle, tr. com. par Grandchamp, 1630, in-8. *rare*.

Avantures de Figuereau, com. par Desgranges. Bordeaux, 1712, in-12. *rare, non indiq.*

Avantures de Policandre et de Basolie, tr. et autres poésies de Vieuget, 1632, in-8. *rare*.

Bacha de Smirne, (le) com. par Petit, 1748, in-8.

Bal d'Auteuil, (le) com. par Boindin. — Les trois Gascons, du même, 1702, in-12.

Belle Esclave, (la) tr. com. par l'Etoille. Lyon, 1654, in-8.

Belle invisible, (la) ou la Constance éprouvée, com. par Bois-robert, 1656, in-12.

Bellerophon, tr. de Quinault, 1671, in-12.

Bergerie (la) du sieur Croisille, contenant la chasteté invincible, ou Thirsis et Uranie, 1634, in-8.

Bergeries de Racan, 1628, in-8.

Bocages, (les) past. de la Charnays, 1632, in-8. *rare*.

Bourru, (le) com. (anon.) La Haye, 1706, in-12.

Bouts-rimés, (les) com. par Saint-Glas, 1682, in-12.

Brutus, tr. de Mlle Bernard, 1691, in-12.

Cartouche, ou les Voleurs, com. par Legrand, 1721, in-12.

Céciliade, (la) ou le martyre de Sainte Cécile, tr. par Soret, 1606, in-8. *rare*.

Cénie, en vers, par des Longschamps, 1751, in-12.

Champagne le Coëffeur, com. de Boucher, 1663, in-12. *rare*.

Chresphonte, ou le retour des Héraclides dans le Péloponèse, tr. com. par Gilbert, 1659, in-12.

Chryseide et Arimand, tr. com. de Mairet, 1630, in-8.

Cicercule, vierge et martyre, tr. 1706, in-12. *rare.*
Cleagenor et Doristée, tr. com. de Rotrou, 1634, in-8.
Cléopâtre, tr. de Benserade, 1696, in-12.
Climène, tr. com. past. de la Croix 1637, in-8.
Clitandre, ou l'Innocence délivrée, tr. com. de P. Corneille, 1632, in-8. *premiere édit. rare.*
Clorise, past. de Baro, 1632, in-8.
Clotilde, tr. de Boyer, 1659, in-12.
Cocue imaginaire, (la) com. par Donneau, 1662, in-12.
Colin Maillard, (le) com. par Chappuzeau, 1662, in-12.
Comédie de chansons, (la) par Beys, 1640, in-12.
Comédie (nouvelle) des chansons de ce tems, ou l'Inconstant vaincu, past. (anon.) 1662, in-12. *rare.*
Comédie de la Comédie, (la) et les amours de Trapolin, par Dorimond, 1662, in-12.
Comédie des Académistes, (la) pour la réformation de la langue franç. par Saint-Evremont, suivie de la requête des Dictionnaires, 1646, in-12.
Comédie des Comédiens, (la) par Gougenot, 1633, in-8.
Comédie des Comédiens, (la) par Scudery, 1635, in-8.
Comédie des Comédies, (la) par du Peschier (René Barry) 1629, in-8. *rare, non indiq.*
Comédie des Proverbes, (la) par André de Montluc, Comte de Cramail, 1633, in-8. *rare.*
Comete, (la) com. de Fontenelle, 1681, in-12.
Conquête du pays de Cocagne échouée, (la) com. Valenciennes, 1711, in-12. *rare.*
Coriolan, tr. par Abeille, 1676, in-12.
Critique de Vertvert, (la) com. (anon.) 1748, in-8.
Critiques critiqués, (les) ou les vérités à la mode, com. 1725, in-12.
Curieux de Province, (les) ou l'Oncle dupé, com. par Petit. La Haye, 1702, in-12. *rare, non indiq.*
Dames vengées, (les) ou la dupe de soi-même, com. de Visé, 1695, in-12.
Délie, past. par de Visé, 1668, in-12.
Délie, past. par Chammelé, 1668. in-12.
Déroute des Paméla, (la) com. par Daucour, 1744, in-12.
Désenchantement inespéré, com. par La Bastide, 1749, in-12.
Desniaisé, (le) com. de Gillet, 1658, in-12.
Deux Cousines, (les) com. (anon.) 1746, in-8.
Diane, (la) com. de Rotrou, 1635, in-8.
Dieromene, (la) ou le repentir d'amour, past. par Brisset. Tours, 1592, in-12. *rare.*

Divorce de concert, (le) com. par Huissier des Essards. La Haye, 1706, in-12. *rare, non indiq.*

Dom Quichotte espagnol révolté, tr. com. Strasbourg, 1703, in-12. *très-rare.*

Dorimene, (la) tr. com. de Lecomte, 1633, in-8.

Dorinde, (la) tr. com. d'Auvray, 1631, in-8.

Doristée et Cléagenor, tr. com. de Rotrou, 1635, in-8.

Duc de Montmouth, (le) tr. par Vaernewick. La Haye, 1701, in-12. *rare.*

Eaux d'Auplet, (les) com. avec la critique. Rouen, 1717, 2 vol. in-12.

Eaux de Wisau, (les) com. (anon.) Prague, 1710, in-12. *rare, non indiq.*

Ecole de la raison, (l') com. par Lafosse, 1739, in-8.

Ecole galante, (l') ou l'art d'aimer, par Dominique, Arlequin, 1711, in-12.

Ecuyer, (l') ou les faux nobles mis au billon, com. par Claveret, 1665, in-12.

Elomire hypocondre, ou les Médecins vengés, com. par Le Boulanger de Chalussay, 1670, in-12. *rare.*

Engagemens indiscrets, (les) com. par de Vaux, 1753, in-12.

Expédition d'Ecosse, (l') ou le retour du Prince de Galles en France, tr. com. 1708, in-12.

Faculté vengée, (la) com. par Lamettrie. Paris, (Holl.) 1747, in-8. *rare.*

Faux Savant, (le) com. par Duvaure, 1749, in-12.

Femme Docteur, (la) ou la Théologie tombée en quenouille. par le P. Bougeant, avec sa suite; la critique de cette piece; la Présomption punie; Arlequin esprit follet; le Saint déniché, etc. 6 vol. in-12.

Femme testue, (la) ou le Médecin Hollandais, com. (anon.) 1685, in-12. *rare.*

Fidelle esclave, (la) com. par Vallée, 1659, in-8.

Folie Ecossaise, (la) ou l'Enlevement imaginaire par l'amour extravagant, com. alleg. Whitehall, 1746, in-8.

Folie Précepteur, (la) ou l'art de ne pas penser, com. (anon.) 1753, in-12.

Fontange, (la) ou les Façonnieres, com. (anon.) Amst. 1694, in-12. *rare, non indiq.*

Fortuné Marseillais, (le) com. par Audibert. Amst. 1736, in-12. *rare, non indiq.*

Franc Bourgeois, (le) com. par Valentin. Bruxelles, 1706, in-12. *rare.*

Français à Francfort, (le) com. (anon.) Lond. 1741, in-12. *rare.*

Généreuse Allemande, (la) tr. com., et autres œuvres de Mareschal, 1631, in-8.
Généreux ennemis, (les) com. de Boisrobert, 1655, in-12.
Genseric, tr. de Mde. Deshoulieres, 1680, in-12.
Gentilhomme Guespin, (le) com. par de Visé, 1670, in-12.
Géta, tr. de Péchantré, 1687, in-12.
Gageure, (la) com. par Procope Couteaux, 1752, in-12.
Gageure de village, (la) com. par Seillans, 1756, in-12.
Gouverneur, (le) com. par la Morliere, 1752, in-12.
Grande Métamorphose des Comédiens Italiens, (la) com. (anon.) 1751, in-8.
Guisiade, (la) tr. par P. Mathieu, in-8.
Habis, tr. par Mde. de Gomez, 1714, in-12.
Héros très-Chrétien, (le) tr. par Olry de Loriande, 1669, in-12. *très-rare.*
Heure du Berger, (l') com. par Boizard du Pontau, 1738, in-8.
Heureux, (l') piece philosophe, par Saverien, 1754, in-12.
Heureuses avantures, (les) tr. com. par Le Hayer du Perron, 1636, in-8. *rare.*
Humanité, (l') ou le Tableau de l'indigence, drame, 1761, in-8.
Hypermenestre, tr. de Riuperous, 1694, in-12.
Hypocondriaque, (l') ou le mort amoureux. tr. com. de Rotrou, 1631, in-8.
Jaloux invisible, (le) com. par Bréconrt, 1666, in-12. *rare.*
Jalonx Trompé, (le) com. par Dubois, 1714, in-12.
Jeanne d'Arques, tr. Rouen, 1603, in-12. *très-rare.*
Jeanne, Reine d'Angleterre, tr. par la Calprenede, 1638, in-12.
Jephté, ou le vœu, tr. trad. du lat. de Buchanan, par Fl. Chrestian, 1587, in-12. *très-rare.*
Illusion grotesque, (l') ou le feint Nécromancien, com. par Néel. Rouen, 1678, in-12.
Impertinent, (l') com. par Desmahis, 1750, in-8.
Impuissance, (l') tr. com. et autres œuvres de Veronneau, 1633, in-8. *très-rare.*
Inconnue, (l') com. de Boisrobert, 1655. in-12.
Inconstance d'Hylas, tr. com. de Mareschal, 1635, in 8.
Inconstance punie, (l') com. par Dorimond, 1661, in-12.
Infidelle confidente, (l') et les folies de Cardenio, tr. de Pichou, 1631, in-8.
Intrigue des Carrosses à cinq sous, (l') com. par Chevalier, 1663, in-12.
Intrigues amoureuses, (les) com. de Gilbert, 1667, in-12.
Joseph, tr. par Genest, 1711, in-8.
Iphigenie en Tauride, tr. 1751, in-8.
Juba, tr. du P. Colonia, 1695, in-12.

Judith, tr. de Boyer, 1695, in-12.

Jugement de Pâris, (le) et les rendez-vous, com. de Dalinval. Bruxelles, 1747. *rare, non indiq.*

Kermesse, (la) ou foire d'Utrecht, com. par Robert. Amst. 1712, in-12. *rare, non indiq.*

Lanterne magique, (la) ou le Mississipi du diable, com. ital. La Haye, *date déchirée, rare, non indiq.*

Lidamon et Lidias, ou la ressemblance, tr. com. de Scudery, 1631, in-8.

Madonte, (la) tr. com. d'Auvray, 1631, in-8. *rare.*

Mahonoise, (la) com. par Baco, 1756, in-8.

Manlius, tr. com. par Mlle. Desjardins, 1662, in-12.

Manlius, tr. de Lafosse, 1698, in-12.

Maréchal de Luxembourg au lit de la mort, (le) tr. com. Cologne, 1695, in-12. *très-rare.*

Mariage de la Reine de Monomotapa, (le) (anon.) Leide, 1682, in-12. *rare, non indiq.*

Mariage sans mariage, (le) com. par Marcel, 1672, in-12.

Marie Stuart, tr. de Regnault, 1639, in-12. *rare.*

Martyre de Saint Gervais, tr. par Cheffault, 1670, in-12. *rare.*

Matois Mari, (le) ou la Courtisanne attrapée, com. (anon.) 1633, in-8. *rare.*

Mécontens, (les) com. par Labruere, 1735, in-12.

Médée, tr. de La Peruse. Rouen, 1596, in-12. *très-rare.*

Médée, tr. de Longepierre, 1694, in-12.

Médiateur, (le) com. par Hebert. Strasb., 1743, in-8. *r. non ind.*

Mélize, past. com. de du Rocher, 1634.

Menechmes, (les) com. de Rotrou, 1661, in-12.

Mere rivale, (la) com. par Beauchamps, 1729, in-12.

Mérope, tr. de Clément, 1749, in-12.

Momus Fabuliste, ou les noces de Vulcain, com. de Fuzelier, 1720, in-12.

Mort de Caton, (la) tr. (anon.), 1648, in-12. *rare.*

Mort de Lescombat, (la) tr. 1755, in-12.

Mort de Neron, (la) tr. par Péchantrés, 1703, in-12.

Mort de Sejan, (la) tr. 1755, in-12.

Mort de Socrate, (la) tr. par Sauvigny, 1763, in-8.

Mort de Thamas-Koulikan, (la) tr. par Clavel. Maestricht, 1752 in-12. *rare.*

Mort de Theandre, (la) ou la sanglante tr. de la mort et Passion de J. Chr. en Vers, par Chevillard. Rouen, 1650 in-12. *sans date, très-rare.*

Mustapha et Zeangir, tr. par Belin, 1705, in-12, *rar.*

Myrtil et Melicerte, past. hér. par Guerin, 1699, in-12.

Nicandres, (les) ou les menteurs qui ne mentent point, com. de de Boursault, 1665, in-12. *très-rare. Voyez la note qui est en tête du vol.*

Noces d'Antilesine, (les) com. trad. de l'ital. par Philandre, 1604, in-12. *rare.*

Noces de Vaugirard, (les) past. com. par Discret, 1638, in-8. *rare.*

Noms changés, (les) com. par Brunet, 1758, in-8.

Nouveau Tarquin, (le) com. allégor. Amst. 1732 in-12.

Ombre de son rival, (l') com. par Crosnier. La Haye, 1681, in-12. *rare.*

Orizelle, (l') tr. com. de Chabrol, 1633, in-8.

Ostorius, tr. de l'Abbé de Pure, 1659, in-12.

Paniers, (les) ou la vieille Prêteuse, com. de Le Grand, 1724, in-12.

Paraguai, (le) conversation en forme de Drame, 1756, in-12.

Partie de Campagne, (la) com. par Duvigeon, 1751, in-12.

Passions égarées, (les) ou le Roman du tems, tr. com. par Richemont, 1632, in-8. *rare.*

Pauvre riche, (le) com. (anon.) Valenciennes, 1714, in-12. *rare.*

Peau de Bœuf, (la) ou le Remede universel pour faire une bonne Femme d'une mauvaise. Valenciennes 1701. fr. et allem. in-12, *tr. rare.*

Pélopée, tr. de Pellegrin, 1733, in-8.

Pénélope, tr. de Genest, 1703, in-8.

Petit maître de Campagne, (le) com. (anon.) 1701, in-12, *rare.*

Phantosme, (le) com. par Nicole, 1656, in-12. *rare, non ind.*

Pilobouffi, tr. com. 1754, in-12.

Pirame et Thisbé, tr. de Pradon, 1674, in-12.

Plaintes du Palais, (les) ou la Chicane des plaideurs, com. par Denis, 1679, in-12. *rare.*

Plaisir, (le) com. par Marchadier, 1749, in 8.

Poisson, Comédien aux Champs Elis., par Bordelon, 1701, in-12.

Polixène, tr. par la Fosse d'Aubigny, 1696, in-12.

Polydore, tr. de Pellegrin, 1706, in-12.

Pompe funebre, ou Damon et Cloris, past. de d'Alibray, 1734, in-8.

Prince déguisé, (le) tr. com. de Scudery, 1636, in-8.

Pyrame (le) tr. en prose de Puget de la Serre, 1629, in-8.

Rapiniere (la) ou l'interessé, com. par Barequebois (Jacques Robbe) 1683, in-12, *rare.*

Regalle des Cousins de la Cousine, (la) com. par Brecourt. Francfort, 1674, in-12. *rare.*

Retour de Campagne, (le) com. par Huissier des Esards. Liege, 1707, in-12. *rare. non ind.*

Rival sécrétaire, (le) com. par Desforges, 1738, in-8.

Rivale confidente, (la) com. par Mlle Saint-Phalier, 1753, in-12.

Sidere, Pastorelle et autres pieces, par d'Ambillou., 1609, in-8.
Silvie, tr. en prose en un acte, 1742, in-8.
Sinoris, fils de Tamerlan, tr. du P. Badon. Montauban. 1755, in-8.
Sœur valeureuse, (la) tr. com. de Mareschal, 1633, in-8.
Sœurs Jalouses, (les) com. par Lambert, 1661, in-12.
Sosies, (les) com. par Rotrou, 1668, in-12.
Suite et le Mariage du Cid, (la) tr. com. par Urb. Chevreau, 1638, in-12.
Vraye suite du Cid, (la) tr. com. par Desfontaines, 1638, in-12.
Sylvanyre ou les amans réunis, past. hér., par Macort. Mons, 1717, in-12. *rare.*
Terée, tr. par Guis, 1753, in-12.
Thélamire, tr. par le Marquis de Tibouville, 1739, in-8.
Thomas Morus, tr. de la Serre, 1657, in-12.
Tibere, tr. par le P. Dupuis, 1727, in-8.
Timoclée ou la générosité d'Alexandre, par Morel, tr. com. 1658, in-12. *très-rare.*
Tite et Titus, ou critique sur les Bérénices, com. (anon.) Utrecht, 1673, in-12. *rare.*
Tomyris, tr. de Mlle Barbier, 1707, in-12.
Tout ce qui reluit n'est pas or, com. (anon.) Valenciennes, 1713, in-12. *rare*, *non ind.*
Tragédie en prose, (la) ou la tragédie extravagante, com. par Ducastre, 1730, in-12.
Travaux d'Ulisse, tr. com. par Durval, 1631 in-8, *rare.*
Tremblement de terre de Lisbonne, (le) tr. par André, 1756, in-8.
Le tribunal de l'Amour, com. par Landon, 1751, in-8.
Les trois Rivaux, com. (anon.) 1743, in-8.
Le Trompeur puni, tr. com. de Scudéry, 1634, in-8.
Varon, trag. 1751, in-12.
Les vieux Garçons, com. par Vilorié, 1761, in-12.
Zélide, ou l'art d'aimer, com. par Renout, 1755, in-8.

VII. Théâtre Italien établi en France.

684. Histoire de l'ancien Théâtre Ital., par MM. Parfait, 1753, in-12.
685. Hist. du Th. Ital. par L. Riccoboni. Londres, 1728, 2 vol. in-8. *fig.*
686. Lettre d'un Comédien Fr. au sujet de l'Hist. du Th. Ital. de Riccoboni, 1728, in-12.

687. Histoire du Th. Italien, jusqu'à 1769, 1770, 7 v. in-12.
688. Table des pieces représ. sur l'anc. Th. Ital. jusqu'en 1697, par du Gérard, 1750, in-8.
689. Th. Italien de Domin. Biancollelli, 1712, in-12.
690. Théâtre Ital. de Gherardi, 1717, 8 v. in-8. *fig*.
691. Théâtre de Riccoboni, 1733, 3 vol. in-12.
692. Théâtre de Romagnesi, 1772, 2 vol. in-8.
693. Nouveau Th. Ital. 1733, 9 vol. in-12.
694. Théâtre Ital. de la Grange, 1737, in-8.
695. Théâtre Ital. de De l'Isle, 1738, in-12.
696. Parodies du Th. Ital., 1738, 4 vol. in-12.

VIII. Théâtre de la Foire et des Boulevards.

697. Théâtre de la Foire, 1722, 10 vol. in-12.
698. Théâtre des Boulevards, ou Recueil de Parades, 1756, 3 vol. in-12.

Poëtes Dramatiques Italiens.

699. Della Commedia italiana e delle sue Regole ed attinenze. Venezia, 1752, in-8.
700. Drammaturgia di Lione Allacci, accresciuta e continuata fino all' anno, 1755. Ven. 1755, in-4.
701. Tragédies Saintes, anciennes, en italien. Florence, Jean Baleni, 1584, in-4. *fig. sans tit. m. r.*
702. Il Pastor fido, di Guarini. Venetia, 1602, in-4. *fig.*
703. —Il medesimo. Leyde, Elzevir, 1659, in-12. *fig.*
704. —Il medesimo. Ven. 1750, in-12.
705. — *Id.* tr. en fr. le texte à côté, 1633, in-12.
706. Le Berger fidele, trad. de l'ital., 1652, in-4.
707. Aminta del Tasso. Parigi, 1745, in-12. *fig.*
708. L'Aminte, tr. en vers, et accommodée au Th. fr. Paris, 1638, in-4. *fig.*
709 L'Aminte du Tasse, tr. en vers fr., l'italien à côté. La Haye, 1679, in-12, *fig.*

710. La Philis de Scire, de Bonarelli, tr. en vers fr., l'ital. à côté, 1669, in-12.

711. La Fillis de Scire, du sieur Ducros, 1630, in-8.

712. Alcée, Pescherie ou coméd. marine, trad. de l'ital. d'Ant. Ongaro. Paris, 1596, in-12. *mar. r.*

713. Il Filosofo, com. di Aretino. Ven. 1546. — tre primi canti di Battaglia, del medesimo. Ven. 1537, in-8.

714. Opere trag. del Dolce. — la Sophonisba del Trissino. — Rodopeia di Leonoro Verlato. Ven. 1547, in-8.

715. Commed. di Lod. Dolce. Venet. 1560, in-12.

716. Commed. di Gian M. Cecchi, Ven. 1585, in-8.

717. Commed. di L. Groto, cieco di Hadria. Ven. 1599, in-12.

718. Commed. di Ces. Caporali Ven. 1604, in-12.

719. Commed. di Bern. Pino de Cagli. Ven. 1607, in-12.

720. Comm. di Fabio Glissenti. Venet., 1617, in-12.

721. Comm. di Scaramuccia. Macerata, 1618, in-12.

722. La Centaura e la Sultana, commedie di Andreini. Parigi, 1622, in-8.

723. Opere trag. di Cicognini. Venet. 1660, 3 vol. in-12.

724. La Gloria d'Amore, Spettacolo Festivo. — Il favore de gli Dei, drama Fantastico-musicale di Aureli. Parma, 1690, in-4.

725. Teatro di Maffei. Verona, 1730, in-4.

726. Mérope, de Maffei, trad. en fr. 1743, in-8.

727. Parnasso del Card. Delfino. Utreche, 1730, 2 vol. in-12.

728. Poes. Dram. di Apostolo Zeno. Ven. 1744, 10 v. in 8.

729. — Id. trad. en fr. 1758, 2 vol. in-12.

730. Opere Dram. di Nefejo. Venet. 1753, 4 v. in-12.

731. Commedie di G. B. Fagiuoli. Ven. 1753, 7 vol. in-12.

732. Commedie di Liveri. Napoli, 1754, 3 v. in-8.
733. Opere di Metastasio. Parigi, 1755, 9 v. in-8.
734. Commed. di P. Chiari. Bol. 1759, 10 v. in-8.
735. Commedie di C. Goldoni. Bol. 1753, 8 v. in-8.
736. — Le medesime. Venez. 1753, 9 vol. in-8.
737. — Le medesime. Venez. 1757, 10 vol. in-8.
738. — Le medesime, Venez. 1761, 10 v. in-8. *fig.*
739. Delli Componimenti diversi di C. Goldoni. Venez. 1764, 2 vol. in-8.
740. Le Pere de Famille. — Paméla. — La Veuve Rusée, coméd. de Goldoni, tr. en fr. 3 vol. in-8.
741. Recueil de Pieces Dram. ital. 22 vol. in-12.
742. Autre Recueil de Pieces Dram. ital. en 24 vol. in-8. & in-12.
743. Pieces Dramatiques italiennes, anciennes & modernes, séparées, in-4., in-8. et in-12, formant 190 vol.

Poëtes Dramatiques Espagnols.

744. Dissertation sur les Tragédies espagnoles, traduite de l'espagnol de Montiano, par d'Hermilly, 1754, 2 vol. in-12.
745. Celestina, tragi-comedia de Calisto y Melibea. Anvers, Plantin, 1595, in-12.
746. La Celestine, ou Hist. tr. com. de Caliste et de Melibée, en 21 actes, par Fernam Rojas, esp. et fr. Rouen, 1644, in-8.
747. La Célestine, tr. en fr. par Jacques de Lavardin, 1578, in-12. *mar. r.*
748. Comedias d'Augustin Moreto. Val. 1676, in-4.
749. Comedias de Ant. Solis. Madrid, 1681, in-4.
750. Comedias de Calderon. Madrid, 1685, 9 v. in-4.
751. Comedias escogidas de los meiores de Espana. Madrid, 1652, in-4.
752. Comedias escogidas de varios ingenios, in-4.
753. Théâtre espagnol, ou les meilleures coméd. des plus fam. aut. Espag. tr. en fr. 1700, in-12.

754. Extrait de plusieurs pieces du Th. espagn. avec des réfl., par Duperron de Castera, 1738, in-12.

755. Th. espagnol, par Linguet, 1770, 4 v. in-12.

Poëtes Dramitiques Anglais.

756. Lettre sur le Théâtre anglais, avec une traduction de l'Avare de Shadwel et de la femme de campagne de Wicherley. 1752, 2 vol. in-12.

757. Traduction du Théâtre anglais depuis l'origine des spectacles, 1784, in-8.

758. Critique du Théâtre anglais, comparé au Théâtre d'Athênes, de Rome et de France, trad. de l'anglais de Collier, 1715, in-12.

759. Théâtre anglais, de Laplace, 8 vol. in-12.

760. Théâtre anglais, 1769, 2 vol. in-12.

761. Choix de petites pieces du Th. angl. 1756, 2 vol. in-12.

762. Caton, tr. trad. de l'angl. d'Addisson. Amst. 1713, in-12.

763. La même en vers fr. Utrecht, 1738, in-12.

764. La même en vers fr. Paris, 1747, in-8.

765. Gustave Vasa, tr. trad. de Brooke, 1766, in-8.

766. Caliste ou la belle pénitente, tr. trad. de l'angl. de Roue, par l'abbé Séran de la Tour, 1750, in-12.

767. Le Marchand de Londres, tragéd. bourgeoise, trad. de l'anglais de Lillo, 1751, in-12.

768. Le Joueur, tragéd. bourgeoise, trad. de l'angl. 1762, in-12.

769. Le Mari poussé à bout, com. trad. de l'angl. de Cibber, 1761, in-12.

Poëtes Dramatiques Danois, Russes, Allemands, etc.

770. Le Théâtre Danois par L. Holberg, trad. par Fursman. Coppenhague, 1746, tom. 1, in-8.

771. Théâtre du pr. Clenerzow, trad. du Russe en fr. par Blening, 1771, 2 vol. in-8.

772. Coméd. nouv. de Bielfeld. Berlin, 1753, in-12.

773. La Mort d'Adam, trag. trad. de l'allemand de Klopstock, 1762, in-12. *fig.*

774. Répertoire ou Dictionnaire de pieces de Théâtre hollandaises, avec des notes manuscr. en fr. Amst. 1727, in-8.

Poésie Lyrique.

Poetes Lyriques Français, Chansons, Vaudevilles, etc.

775. Chansons amoureuses de divers Poëtes, 1597, in-12.

776. Airs de cour, musique de Guedron, 1608, in-12. *obl.*

777. Le Cabinet des chansons amoureuses et honnêtes, suivi du Jardin des Muses. Paris, 1612, in-12.

778. Chansons à boire et à danser, 1633, in-12.

779. Chansons de Gautier Garguille. Paris, 1632. — L'Inconstant vaincu, pastorale en chansons. Paris, 1661, in-12.

780. Airs de différens auteurs *notés*, 1658, in-8.

781. Chansons anciennes de Des Rosiers de Beaulieu, 1649, 6 vol. in-12.

782. Recueil des plus beaux vers qui ont été mis en chant, 1661, 4 vol. in-12.

783. Recueil des plus beaux airs, et chansons nouv. 1696, in-12.

784. Recueil de chansons choisies, 1598, 2 v. in-12.

785. La Clef des chansonniers ou Recueil de Vaudevilles depuis cent ans, 1717, 2 v. in-12. *notés.*

786. Nouveau recueil de chansons choisies avec les airs notés. La Haye, 1735, 9 vol. in-12.

787. Les Plaisirs de la société, ou nouveau choix de chansons, avec les airs notés, 1761, 7 vol. in-12.

788. Recueil de Vaudevilles, Chansons, Parodies, etc. avec les airs notés, 13 vol. in-8.

Poëtes Lyriques-Dramatiques Français, Opera, Ballets, etc.

789. Hist. du Théâtre de l'Opera, par Durey de Noinville, 1753, 2 vol. in-8.

790. Lettres sur l'Opera, 1741, in-12.

791. Le Théâtre Lyrique, avec une préface, où l'on traite du Poëme de l'Opera, par Le Brun, 1712, in-12

792. Théâtre de Quinault, 1739, 5 vol. in-12. *fig.*

793. Recueil des Opéra, 16 vol. in-12.

794. Autre Recueil d'Opera. Holl. 5 vol in-12. *fig.*

795. Ballets, Opera, et aut. ouvr. lyr. par ordre chronol, 1760, in-8.

796, Ballet comique de la Royne fait aux nopces du duc de Joyeuse et de madamoyselle de Vaudemont., par Baltasar de Beaujoyeulx, 1582, in-4. *avec la musique et les fig.*

797. Le Prix de la beauté, ou les Couronnes, past. (par Gondot) 1760, in-4. *avec fig. et musiq.*

798. Histoire de l'Opera bouffon, 1768, 2 vol. in-12.

799. Hist. de l'Opera comique, 1769, 2 vol. in-12.

Poëtes Lyriques Italiens.

800. Tenore, Canzoniere ital. con la musica. Vinegia, 1572, in-8.

801. Canzoniere di Giuseppe Giustiniano. Vinegia, 1620, in-12.

802. Canzonette e Cantate di Paolo Rolli. Londra, 1727, in-8.

Mythologie et Fables.

803. Mythographi Latini. C. Jul. Hyginus, Fab. Planciades Fulgentius. Lactantius Placidus. Albricus Philosophus, ex emendatione Thomæ Munckeri. Amstelod. vid. Joannis à Someren, 1681, in-8.
804. Boccace, de la Généalogie des Dieux, 1531, in-4. *fig. car. goth.*
805. Les Images des Dieux des anciens, trad. de l'ital. de Vincent Cartari, par Du Verdier de Vauprivas. Lyon, 1581, in-4. *fig.*
806. Mythologie de Noël le Comte, trad. par Montlyard. Lyon, 1604, in-4.
807. Mythologie de J. de Montlyard, publiée par J. Baudoin, 1627, in-fol. *fig.*
808. La Mythologie et les fables expliquées par l'histoire, par l'abbé Banier, 1738, 8 vol. in-12.
809. Fables héroïques et morales, par Audin, 1660, 2 vol. in-8. *fig.*
810. Fables égyptiennes et grecques, par Pernety, 1758, 2 vol. in-8.

POÉSIE PROSAIQUE.

Romans.

Collections de Romans.

811. OEuvres de madame de Villedieu, 1741, 12 vol. in-12.
812. OEuvres de M^de^ Durand, 1737, 6 vol. in-12.
813. OEuvres d'Arnaud, 1763, 4 vol. in-12.

Romans d'amour.

814. Amours de Theagènes er Chariclée, 1743, 2 v. in-8. *fig.*

815. Amours d'Ismène et d'Isménias, 1743, in-8. *fig.*

816. Affections de divers amans. — Les Narrations d'amour de Plutarque, 1743, in-8. *fig.*

817. Avantures de Floride, par Beroald de Verville, 1601, in-12.

818. Amours d'Amphion et de Philomelie, 1603, in-12.

819. Les Amours d'Ovide, par Belle-Fleur Percheron, 1621, in-8.

820. Caritée, ou la Cyprienne amoureuse, 1621. in-8.

821. L'Endymion de Gombauld, 1625, in-8. *fig.*

822. Lysigeraste ou les dedains de Lyside, par Turpin, 1628, in-8.

823. La Diane des Bois, par Préfontaine, 1632, in-8.

824. Histoires des Amans volages de ce temps, par de Rosset, 1632, in-8.

825. Contes du monde avantureux. — Histoire des Amans volages de ce temps, in-8.

826. L'Astrée d'Hon. d'Urfé, 1633, 5 vol. in-8. *fig. lav. régl.*

827. Entretien des illustres Bergers, par Frenicle, 1634, in-8.

828. Amours d'Anaxandre & d'Orazie, par Boisrobert, 1636, in-8.

829. La Prazimène, de Desfontaines, 1638, in-8.

830. L'Ariane, de Desmaretz, 1639, in-4. *fig.*

831. La Stratonice, 1641, in-8.

832. Le Roman de la Cour, ou Avantures d'Alcidor et d'Astasie, 1645, in-8.

833. Célinte, nouvelle, 1661, in-8.

834. La Cour d'Amours ou les Bergers Galans, par Duperret, 1667, 2 vol. in-8.

835. L'Amant oisif, nouvelles espagnoles, 1671, 3 vol. in-12.

836. Nouvelles amoureuses et galantes, 1679, in-12.

837. La Semaine de Montalban ou les Mariages mal assortis, 1684, 2 vol. in-12.

838. Eléonor d'Yvrée, 1687, in-12.

839. Alcine, princesse de Perse, 1693, in-12.

840. Avantures Secretes, 1697, in-12.
841. Raimond, comte de Barcelonne, 1698, in-12.
842. La Comtesse de Mortane, 1699, 2 vol. in-12.
843. Le Gage-touché, 1712, 2 vol. in-12. *fig.*
844. Celise ou l'Amante fidele, 1713, in 12.
845. Histoires galantes et véritables, 1713, in-12.
846. Avantures choisies, 1714, in-12.
847. Zayde, de Segrais, 1719, 2 vol. in-12.
848. L'Illustre Malheureuse, 1722, 2 vol. in-12.
849. La Comtesse de Gondez, 1725, 2 vol. in 12.
850. Hist. d'Amenophis et de la Comtesse de Vergi, 1725, in-12.
851. Le Triomphe de l'amitié, ou l'Histoire d'Amaranthe, 1726, in-12.
852. Les Faveurs et les Disgraces de l'amour, ou les Amans heureux, trompés et malheureux. La Haye, 1731, 3 vol. in-12. *fig.*
853. Mémoires du Marquis d'Argens, 1735, in-12.
854. Mém. du Chev. de ... par d'Argens, 1745, in-12.
855. Lett. de la M. de ... par Crébillon fils, 1738, in-12.
856. Le Caloandre fidele, trad. de l'ital. de Marini, 1740., 3 vol. in-12.
857. Les Veillées de Thessalie, 1741, 4 vol. in-12.
858. Confessions du C. de ... par Duclos, 1742, in-12.
859. Le Berceau de la France, 1744, in-12.
860. Les Belles Solitaires, 1745, in-12.
861. Le Siége de Calais. — Les malheurs de l'amour, par Mde. Tencin, 4 vol. in-12.
862. Les Epoux malheureux, ou Histoire de la Bedoyere, 1745, in-12.
863. Mémoires de Mlle. Bontemps, par Gueullette, 1749, in-12.
864. Histoire de Favoride, 1750, in-8.
865. Le Triomphe du Sentiment, par Bibiena, 1750, in-12.
866. Mém. de la C. de Marienberg, 1751, in-12.
867. La Jardiniere de Vincennes, 1753, 2 v. in-12.
868. Mém. de Barniwal et Rinville, 1754, 2 v. in-12.

869. Mémoires de Versorand, 3 vol. in-12.
870. Mém. du Chevalier de ...., 1755, in-12.
871. Le Triomphe de l'amour, ou le Serpent caché sous les fleurs 1755, in-12.
872. Lettres d'Aspasie, tr. du grec, 1756, in-12.
873. Avantures portugaises, 1756, 2 v. in-12.
874. La Comédienne fille et femme de qualité, 1756, 3 vol. in-12.
875. Les Après-soupers de la Campagne, 1759, 2 vol. in-12.
876. Mémoires du C. de Guine, 1761, in-12.
877. Mémoires d'un frivolite, 1761. in-12.
878. Les Rendez-vous du parc de Versailles, 1762, in-12.
879. Avantures gal. d'un militaire, 1763, in-12.
880. Le Danger des liaisons, 1763, 3 vol. in-12.
881. La Constance couronnée, ou les Epoux unis par l'amour, 1764, in-12.
882. Lettres de Cécile, ou les combats de la Nature, 1764, in-12.
883. Callisthene, ou le modele de l'amour et de l'amitié, 1765, in-12.
884. Mémoires de Solanges, 1766, 2 vol. in-12.
885. Tragici avvenimenti di amilcare di Cipri. Venetia, 1602, in-16.
886. Il Cretideo di Bast. Manzini. Rom. 1642, in-12.
887. La Eromena di G. Fr. Biondi. Vit. 1643, in-12.
888. Adriene, trad. de l'ital. 1768, 2 vol. in-12.

Romans Moraux, Politiques, Historiques, Critiques, etc.

889. La Narquoise Justine, 1636, in-8.
890. Le Page disgracié, par Tristan, 1643, 2 v. in-8.
891. La force de l'Education, 1750, in-12.
892. Avantures de Périphas, par Puget de Saint-Pierre, 1761, 2 vol. 12.
893. Le Juge prévenu, 1754, 2 vol. in-12.

894. Contes moraux de Mlle. Uncy, 1763, 4 v. in-12.
895. Hist. pitoyable du Pr. Erastus. Anv. 1568, in-12.
896. Sapor, Roi de Perse, par Duperret, 1668, 5 vol. in-12.
897. Histoire d'Almançor, Roi d'Arabie, qui conquit l'Espagne sur dom Roderic, 1639, in-8.
898. La Vie du Roi Almansor, 1699, in-12.
899. Alphonse, Roi de Castille, 1756, 2 v. in-12.
900. Avantures du Prince Jakaya, anecdotes de la cour Ottomane, 1732, in-12.
901. Kara-Mustapha et Basch-Levi, 1750, in-12.
902. Intrigues du Sérail sous l'Empereur Selim, 1762, in-12.
903. OEuvres de Mlle. de la R. G. contenant Attila, Roi des Huns, etc. 1711, in-12.
904. Hist. de la P. de Montferrat, 1749, in-12.
905. L'Atlantis de Mde. Manley, trad. de l'anglais, 1714, 2 vol. in-12.
906. La Rosalinde, imit. de l'italien, 1730, in-4.
907. Hist. trag. de notre tems, par Rosset, 1700, in-8.
908. Le Roman Satyrique, in-8.
909. OEuvres de Chevrier, 2 vol. in-12.
910. Mémoires de Gaudence de Luques, prisonnier de l'inquisition, 1753, 2 vol. in-12. *fig.*
911. Amus des Eaux de Spa, 4 vol. in-12. *fig.*
912. Mémoires de Rantzow. Amst. 1741, in-12.

Romans Héroïques.

913. L'Argenis de Barclay, 1623, 2 v. in-8. *fig.*
914. Poléxandre, par Gomberville, 1641, 5 v. in-8.
915. Les Caprices héroïq. du Loredano, 1644, in-8.
916. Cassandre, par la Calprenede, 1644, 10 vol. in-8. *m. r.*
917. Faramond, ou l'Histoire de France, par la Calprenede, 1661, 12 vol. in-8.
918. Abrégé de la Cléopâtre, par la Calprenede, 1667, 2 vol. in-12. *m. bl.*

919. Ibrahim, ou l'illustre Bassa, par Scudéry, 1644, 4 vol. in-8.

920. Artamène, ou le grand Cyrus, par Scudery, 1650, 10 vol. in 8. *fig.*

921. Clelie, Hist. romaine, par Scudery, 1660, 15 vol. in-8. *fig.*

922 Les Amours du Roi et de la Reine (Louis XIII et Anne d'Autriche) sous les noms de Jupiter et de Junon, par Puget de la Serre, 1625, in-4. *fig.*

923. Les Désespérés, Hist. hér. trad. de l'ital. de Marini, 1732, 2 vol. in-12.

Romans de Chevalerie.

924. L'Histoire de Valentin et Orson, Chevaliers, fils de l'Empereur de Grèce.—Le grand Calendrier des Bergers, 1723, in-4.

925. Histoire des merveilleux faicts du preux et vaillant Chevalier Artus de Bretagne, 1628, in-4. *fig.* —Histoire du preux et vaillant Chevalier Meuruin, fils d'Oger le Danois. Paris, *sans date*, in-4. *fig.*

926. Le Pilocope de Jean Boccace, contenant l'histoire de Fleury et Blanchefort, 1555, in-8.

927. Histoire des Chevaliers de la Table ronde, par Lancelot du Lac, in-fol. plano. *car. goth. mss. vél.*

928. Histoire du preux Meurin, fils de Roger le Danois, 1539, in 8. *car. goth.*

929. Histoire du noble Tristan, Prince de Leonnois, Chevalier de la Table ronde, et d'Yseulte, Princesse d'Yrlande, Royne de Cornoüaille, par Jean Mangin, dit l'Angevin, 1586, in 4.

930. Histoire du Chevalier du Soleil, 1617. et suite, 8 vol. in-8.

931. Histoire du Chevaleureux Prince Gérard, Comte de Nevers, et de Euriant de Savoye, sa mye, 1727, in-8.

932. L'Arcadie de la Comtesse de Pembrok, trad. de l'angl. de Sidney, par J. Baudoin, 1624, 3 v. in-8.

933. Amadis des Gaules, 1760, 4 vol. in-12.
934. Renaud amoureux, par La Ronce, 1620, in-8.
935. Le grand Hippomène, 1668, in-12.
936. Histoire du Chevalier Tiran le Blanc, par Caylus, 2 vol. in-8.

Romans traduits ou imités de l'Anglais.

937. Robinson Crusoé, 1741, 4 tom. rel. en 2 v. *fig.*
938. Grandisson, 4 vol. in-12.
939. L'Etourdie, ou Hist. de Betsy Tatless, 4 v. in-12.
940. Jonathan Wild, de Fielding, 2 vol in-12.
941. Tom-Jones de Fielding, 4 vol. in-12. *fig.*
942. Roderik Random, de Fielding, 3 v. in-12. *fig.*
943. Amelie, de Fielding, par M[de]. Riccoboni, 3 vol. in-12.
944. Les Hommes volans, tr. de l'angl. 3 v. in-12. *fig.*
945. Ophélie, trad. de l'angl. 2 vol. in-12.
946. Maria, trad. de l'angl. 2 vol. in-12.
947. Mémoires de Moll Flanders. Lond. 1761, in-12.
948. Lettres de Catesby, in-12.
949. Piéces détachées de M[de]. Riccoboni, in-12,
950. Miss Honora, ou le vice dupe de lui-même, 4 vol. in-12.
951. Mém. de Miss Sidney Bidulph, 3 vol. in-12.

Romans traduits ou imités de l'Espagnol.

952. Don Quichotte, 14 vol. in-12. *manq. les t. 5 et 6.*
953. Nouv. de M. de Cervantes, 1713, 2 v. in-12. *fig.*
954. OEuv, de Quevedo Villegas. Rouen, 1665, in-8.
955. Histoire de Gusman d'Alfarache. Bruxelles, 1734, 3 vol. in-12. *fig.*
956. Le Roman Espagnol, traduction de la Diane de Montemayor, in-12.
957. Gilblas de Santillane, 4 vol. in-12. *fig.*
958. Le Bachelier de Salamanque, 3 vol. in-12.
959. Le Diable boiteux, 2 vol. in-12. *fig.*

960. Vie de Don Alphonse Blas de Lirias, fils de Gilblas de Santillane. Amst. 1744, in-12. *fig.*

Romans de Féeries, Contes, Nouvelles, etc.

961. . . . .
962. Contes des Fées, de Mde. Daunoy, 4 v. in-12.
963. Féeries nouvelles, de Caylus, 2 vol. in-12.
964. Deux Contes de cette année. Amst. 1700, in-12.
965. Les Fées, Contes des Contes, 1725.
966. Fleur d'Epine et les quatre Facardins, 2 v. in-12.
967. Contes du tems passé, par Perrault, in-12. *fig.*
968. Nouveaux Contes des Fées, 1698, in-12. *fig.*
969. Nouveaux Contes des Fées. — Le Soufflet, conte chinois, 1745, in-12. *fig.*
970. Acajou et Zirphile, conte, par Duclos, 1744, in-4. *gr. pap. fig.*
971. Le Pot pourri, 1748, in-12.
972. Mirza et Fatmé, conte de Voisenon, in-12.
973. Contes très-mogols, 1770, in-12.
974. Boca, ou la Vertu récomp. conte, 1756, in-12.
975. Les trois Nations, contes nationaux, 1768, in-12.
976. La Tour ténébreuse et les jours lumineux, contes anglais, par Mlle. l'Héritier, in-12,
977. Contes orientaux, 1743, 2 vol. in-12. *fig.*
978. Les Sultanes de Guzarate, contes mogols, par Gueullette, 3 vol. in-12.
979. Les Mille et une Nuits, de Galland, 6 v. in-12. *manque le tom.* 2.
980. Les Mille et un Jour, 5 vol. in-12.
981. Mille et une heure, 2 vol. in-12.
982. Contes et Nouvelles de Boccace. Cologne, 1732, 2 vol. in-8. *fig. de R. de Hooge.*
983. Contes et nouvelles de Marg. de Valois, 1740, 2 vol. in-8. *fig.*
984. Les Cent Nouvelles Nouvelles. Cologne, 1736, 2 vol. in-8. *fig. de Rom. de Hooge.*
985. Novelle di Bandello. Londra, 1740, 4 vol in-4.

986.

986. Cento novelle amorose de i Signori academici incogniti. Venetia, 1651, in-4.

987. Les Contes d'Eutrapel, 1732, 2 vol. in-12.

988. Contes de Desperiers, 1735, 3 vol. in-12.

989. Contes à rire. Cologne, 1722, 2 vol. in-12. *fig.*

990. J diporti di Girolamo Parabosco. Venetia, 1552, in-8.

991. Novelas amorosas y exemplares, por Donna Maria de Zayas. Barcelona, 1646, in-8.

PHILOLOGIE.

Critiques anciens et modernes.

992. Les quinze livres d'Athénée, trad. par Marolles, 1680, in-4.

993. Dissert. crit. sur l'Art poét. d'Horace, 1618, in-12

994. Le Parnasse réformé, 1669, in-12.

995. La Ménagerie, par l'Abbé Cotin, in-12.

996. Le Triomphe de Pradon, 1684, in-8.

997. La Télémacomanie, 2 vol. in-12.

998. Voyage du Parnasse. Rotterdam, 1716, 2 v. in-8.

999. Le Czar Pierre Ier. en France, par Hub. Le Blanc. Amst. 1741, 2 vol. in-12.

1000. Nouveautés, dédiées à gens de différens états, depuis la charrue jusqu'au sceptre, 1724, 2 vol. in-12.

1001. Dissertation critique sur les Chronogrammes. Bruxelles, 1741, in-8.

1002. Chef-d'œuvre d'un inconnu. La Haye, 1745, 2 vol. in-12.

1003. Entretiens sur les Romans, ouvrage moral et critique, 1755, in-12.

1004. Les erreurs de Voltaire, 1762, 2 vol. in-12.

1005. La Laïs Philosophe, critique contre Voltaire, 1761, in-12.

1006. L'Anti-sans-souci, ou la Folie des nouveaux

philosophes, etc. Bouillon, 1761, 2 v. in-12.

1007. Le joli Recueil, 1760, in-12.

1008. Facéties parisiennes, 1760, in-8.

1009. La Wasprie, (par le Brun) 1761, in-12.

1010. Observ. crit. sur la trad. des Georg. de Virgile, et sur les Poëmes des Saisons, de la Déclamation et de la Peinture, par Clément, 1771, in-8.

1011. Le Livre à la mode, de plusieurs couleurs, in-12.

1012. Conseils d'un viel auteur à un jeune, 1758, in-8.

Satyres, Apologies, etc.

1013. L'Ane d'or d'Apulée, 1623, in-8. *fig.*

1014. Petrone, lat. et fr. Amst. 1736, 2 v. in.12. *fig.*

1015. Satyre de Petrone, par Boispreaux, (M. Desjardins) 1742, 2 vol. in-8.

1016. Apologie pour Hérodote, par Henri Estienne. La Haye, 1735, 3 vol. in-8.

1017. Larvina Satyricon in Chorearum lascivias et personata tripudia. Parisiis, Libert 1619. in-8.

1018. Eloge de la Folie, par Erasme. Leyde, 1713, in-12. *fig.* de Holbein.

1019. — Le même. Paris, 1751, in-12. tiré sur pap. in-4. *fig.*

1020. Mémoires pour l'Histoire de la fête des foux, par du Tilliot, 1751, in-12. *fig.*

1021. La Gibeciere de Mome, ou le Trésor du ridicule, 1644, in-8.

1022. Della famosissima Compagnia della Lesina et della Contralesina. Venetia, 1664, in-8.

1023. La fameuse Compagnie de la Lésine, trad. de l'ital. 1618, in-12.

1024. La Contre Lésine, ou Discours et louanges de la libéralité, etc. 1618, in-12.

1025. La Doppia impiccata. Orbitello, 1667, *in*-12. *m. r.*

1026. Teatro dé vari e diversi Cervelli mondani da Thomaso Garzoni. Venetia, 1585, in-4.

1027. Le Théâtre des divers Cerveaux du monde, contenant des discours doctes et agréables, etc. 1586, in-12.

1028. L'Hospidale dé Pazzi incurabili, da Thomaso Garzoni. Venetia, 1586, in-4.

1029. Les Mondes célestes, terrestres et infernaux; l'Enfer des Escoliers, des mal mariés, des Putains, et Ruffians, des Soldats et Capitaines poltrons, des Usuriers, etc. tirés des œuvres de Doni, par Gabriel Chappuis. Lyon, 1578, in-8.

1030. Héxameron, ou six Journées, contenant plusieurs doctes discours, etc. trad. de l'espagnol de Torquemade, par Gabr. Chappuis. Rouen, 1610, in-12.

1031. Le Monde renversé, ou Dialogues des Génies différens qui renversent le monde., 1708, in-12.

1032. L'Homme dans la Lune, trad. de l'espagnol, par J. Baudoin, 1648, in 8.

1033. Histoire générale des Larrons. Rouen, 1666, 3 vol. in-8.

1034. L'Ombre de Nécrophore, Chartier de l'Hôtel-Dieu, au sieur Jouyse, sur la sagesse de sa Cabale, et autres grippes de son exament. Rouen, 1622, in-8.

1035. Le Normant sourd, aveugle et muet, ensemble un dialogue entre Jean qui sait tout et Thibault le natier, 1617. — La Promenade du cours, 1630, — Le Purgatoire des prisonniers. — Les Chroniques de Gargantua. — Histoire poétique du beau Narcissus. — Satyres et Folastreries des sieurs de Sigognes, Bertelot et autres, in 8.

1036. Le Triomphe de la grâce, le Pain bénit de l'abbé de Marigny, la Rencontre de Gringalet, les Bequilles et autres pieces, in-12.

1037. Histoire de Pierre de Montmaur, par Sallengre. La Haye, 1715, 2 vol. in-8. *fig.*

1038. Le Parasite Mormon, histoire comique, in-8.

1039. Le Conte du Tonneau, par Swift. La Haye, 1732, 2 vol. in-12. *fig.*

1040. Satyres du Pr. Cantemir. Londres, 1749, in-8.

1041. Les Coudées franches, ouvrage satyrique et curieux, 1723, 2 tom. rel. en un vol. in-12.

1042. Le Renard ou le Procez des Bêtes. Bruxelles, 1739, in-8. *fig.*

1043. Le Renard pris au Trebuchet, et autres pieces, etc. in-8.

1044. La Connoissance du monde, ou le Diable borgne, par Mainvilers, 1747, in-12.

1045. Le Monde de Mercure. Geneve, 1750, in-12.

1046. Le Cosmopolite, par Monbron, 1753, in-12.

1047. Le Philosophe malgré lui, 1760, in-12.

1048. Les Usages, 1762, 2 tom. rel. en 1 v. in-12.

Dissertations singulieres, critiques et enjouées sur l'amour, sur l'un et l'autre sexe, etc.

1049. Philosophie d'amour de Léon Hébreu, trad. de l'ital. par Duparc, 1580, in-12.

1050. Aresta Amorum. cum commentariis Bened. Curtii. Lugd. Gryphius, 1538, in-4.

1051. Les Arrêts d'Amour de Martial de Paris dit d'Auvergne, avec les Commentaires de Benoît de Court. lat. et fr. Lyon, 1533, in-4.

1052. — Les mêmes. Rouen, 1587, in-12.

1053. Traité de l'Amour humain, trad. de l'ital. de Flaminio de Nobili, par J. de Lavardin, 1588, in-8.

1054. Fleurs, Fleurettes et Passe-temps, ou les Caractères de l'Amour honnête, 1666, in-12.

1055. Amitiés, Amours et Amourettes, par Le Pays, 1672. in-12.

1056. Le Trésor d'Amour avec un discours du parfait Amant et une Nuit ennuyeuse. Rouen, 1597, in-12.

1057. Morale galante, ou l'Art de bien aimer. 1669, in-12.

1058. La Prison d'Amour, espagn. et fr. 1616, in-12.
1059. Dubbi amorosi, di Loredano. Ven. 1652, in-12.
1060. Ameto over Comedia delle Nimphe Fiorentine, compilata da Giov. Boccacci. Ven. 1524. — Fiammetta del medesimo. Ven. 1565, *in*-8.
1061. Le Secret d'Amour, par Michel d'Amboyse, 1542, in-8.
1062. Niphus (Aug.) de Amore. Lugd. Bat. 1541, in-12.
1063. Les Azolains de Pierre de Bembo, de la nature d'Amour, 1576, in-12. *m. v.*
1064. Histoire du siege de Cythère, 1748, in-8.
1065. Alphabeth de l'imperfection, et malice des Femmes, par Jacques Olivier. Lyon, 1646, in-12.
1066. La Méchanceté des filles, et autres pieces, in-12.
1067. De la bonté et mauvaiseté des Femmes, par Jean de Marconville, 1564, in-8.
1068. Relation du Royaume de Coqueterie, in-12.
1069. Le Triomphe des Dames, 1751, in-12.
1070. Apologie des Dames, 1748, in-12.
1071. La Bella e dotta Difesa delle Donne, di Luigi Dardano. Vinegia, 1554, in-8.
1072. La grosse Tour d'invention et composition des Femmes, 1555, in-4. *fig.*
1073. Les Femmes, 1754, in-12.
1074. La Guerre des Masles contre les Femelles, avec les mêlanges poëtiques du sieur de Cholieres, 1588, in-12.
1075. Les Quinze Joyes de mariage, et autres pieces. La Haye, 1734, in-12.
1076. Pigmalion, ou la Statue animée, 1741, in-12.
1077. Anacreon vengé. — Lettre à une demoiselle sur le choix d'un époux. — Histoire du prétendant, 1756 et 1757, in-12.

Facéties, Plaisanteries, Bons mots, Proverbes, Ana, etc.

1078. OEuvres de Rabelais. Amst. Bernard, 1741, 3 vol. in-4. *fig.* de B. Picart.

1079. Discours fantastiques de Justin Tonnellier. Lyon, 1575, in-12.

1080. Les Matinées et les Après-dinées du sieur de Cholieres, ou Contes et Discours bigarés, etc. 1587 et 1610, 2 vol. in-12.

1081. Les Serrées de Guil. Bouchet. Rouen, 1635, in-8.

1082. Le otto Giornate del Fuggilozio, di Tomaso Costo. Venezia, 1620, in-8.

1083. Les Heures de récréation de Loys Guicciardin, ital. et fr. 1636, in-12.

1084. Les Bigarrures du Seigneur des Accords. Rouen, 1648, in-8.

1085. Les Jeux de l'inconnu, la Maison des Jeux et la suite (par Sorel et Devaux) 1637, 4 vol. in-8.

1086. Le Plaint du passionnaire infortuné, *Arnaudi, joci, rara, Epistolae, Apologiae*, etc. 1601, in-12.

1087. Frischlini (Nicodemi) Facetiæ selectiores. Amstel. 1651, in-12.

1088. La sage Folie, fontaine d'allégresse, mere de plaisir et royne des belles humeurs, etc. Lyon, 1649, in-8.

1089. La Touche naifve pour éprouver l'ami et le flateur, par du Saix, 1536, in-8.

1090. Le Miroir de patience, ou la Misère des Clercs de procureur et autres pieces, 1637, in-8.

1091. OEuvres et Fantaisies de Tabarin. Rouen, 1624, in-12.

1092. Les OEuvres de Bruscambille. Rouen, 1629, in-12.

1093. Pensées facétieuses et bons mots, du même. Cologne, 1641, in-8.

1094. La Vie de Scaramouche, 1695, in-12.

1095. Rodomontades et Emblêmes espagnolles. Rouen, 1637, in-12.

1096. Le Voyage de Bécafort, Hypocondriaque. 1709, in-12.

1097. Le nouveau Démocrite ou Délassemens d'Esprit, 1701, in-12.

1098. Les Tours de maître Gonin, 1713, 2 vol. in-12. *fig.*

1099, Mémoires de l'Acad. de Troyes, 1756, in-12.

1100. Recueil des plus illustres proverbes, par Jean Lagniet, 1655, in-4. *fig.*

1101. Ressource contre l'ennui, 1766, 2 v. in-12.

1102. Le Livre sans nom, 1695, in-12.

1103. Arlequiniana, 1694. in-12.

1104. Carpenteriana, 1741, in-12.

1105. Valesiana, 1693, in-12.

1106. Sorberiana, 1695, in-12.

1107. Santeuilliana, 1717, in-12.

POLYGRAPHES,

OU OEUVRES MÊLÉES DE DIVERS AUTEURS.

Polygraphes anciens et modernes, latins et français.

1108. Tableaux de plate peinture, de Philostrate, 1615, in-fol. *fig. gr. papier.*

1109. — Le même, *petit papier.*

1110. Volaterrani (Raphaelis) opera. Lugduni, Gryphius, 1552, in-fol.

1111 Ravisii (Joan.) Officina. Lugd. 1560, 2 tom. rel. en un vol. in-8.

1112. La Jeunesse d'Estienne Pasquier, et sa suite, 1610, in-8.

1113. Les OEuvres de Scévole et Abel de Sainte-Marthe, 1630, 2 vol. in-4.

1114. OEuvres de Mlle. de Gournay, 1634, in-4.

1115. OEuvres completes de d'Assoucy, 1677, 5 vol. in-12. *pet. form.*

1116. OEuvres de la Mothe le Vayer, 1656, 2 v. in-f.

1117. OEuvres de St.-Evremond, 1740, 9 v. in-12.

1118. OEuvres de Scarron. Amst. 1737, 10 v. in-12. *pet. form.*

1119. OEuvres de Cotin, 1665, in-12.

1120. Ouvres mêlées de Perrault, 1676, in-12.

1121. OEuvres de Sarasin, 1685, 2 vol. in-12.

1122. OEuvres de le Noble, 1718, 19 vol. in-12.

1123. OEuvres de St.-Real, 1745, 3 vol. in 4.

1124. OEuvres de Fontenelle. La Haye, 1738, 2 v. in-4. *gr. pap. fig. de Picart.*

1125. — Les mêmes. Paris, 1751, 8 vol. in-12.

1126. OEuvres de la Mothe-Houdart, 1754, 11 vol. in-12. *grand papier.*

1127. OEuvres du P. Brumoy, 1741, 3 v. in-8.

1128. OEuvres complettes de Voltaire, avec les Comment. sur Corneille, 38 v. in-4. *br.*

1129. OEuvres diverses de Voltaire, dont la Henriade, la Pucelle, etc. 10 v. in-8. *avec fig.*

1130. OEuvres div. de Marivaux, 1765, 4 v. in-12.

1131. OEuvres completes du même, 1781, 12 vol. in 8. *br.*

1132. OEuvres mêlées du chevalier de Saint-Jorry, 1735, 2 vol. in-12.

1133. OEuvres de l'abbé de Pons, 1738, in-12.

1134. OEuvres de Bernis, 1752, in-8.

1135. OEuvres completes de Sainte-Foix, 1778, 6 v. in 8. *br.*

1136. OEuvres de Mme. du Bocage. Lyon, 1764, 3 vol. in-8.

1137. OEuvres de Palissot. Liége, 1777, 7 v. in-8. *br.*

1138. OEuvres mêlées du chevalier de la B... in-12.

1139. OEuvres du chevalier de B... in-4. *avec de jolies figures.*

Polygraphes Italiens.

1140. Opere di Machiavelli, 1550, 3 v. in-4.

1141. Fracastorii opera. Venet. 1555, in-4.

1142. Opere di And. Calmo. Venet, 1559, in-8.

1143. Prose di Giovanni della Casa, 1667, in-8.

1144. Opere di Bernardo Morande. Piacenza, 1662, 4 vol. in-12.

Mélanges.

1145. Conférences publiques sur toutes sortes de matieres, par Renaudot, 1656, 5 vol. in 8.

1146. Frag. d'hist. et de litter. La Haye, 1706, in-12.

1147. Amusemens du Cœur et de l'Esprit, (par Philippe de Pretot) 1741, 15 v. in-12.

1148. Passe-Tems, poët. histor. et crit., par Malherme, Perrault, et la Martiniere, 1757, 2 vol. in-12.

1149. Mélanges de littérat. de d'Alembert, 1759, 4 vol. in-12.

1150. Variétés philos. et littéraires, 1762, in-12.

1151. Mélanges de différentes pieces de vers et de prose, trad. de l'anglais, 1751, 3 vol. in-12.

1152. Mélange littéraire, 1752, in-12.

1153. L'Esprit de Fontenelle, 1753, in-12.

Dialogues et Entretiens.

1154. Lucien, de Perrot d'Ablancourt, 1655, 2 vol. in-4.

1155. Entretiens familiers d'Erasme. Geneve, 1669. 2 vol. in-12.

1156. Britonelli (Guid.) Pœzographia, 1628, in-12.

1157. Entretiens d'Ariste et d'Eugene, par le P. Bouhours, 1673, in-12.

1158. Les Philosophes à l'encan, Dialogues, 1690, in-12.

1159. Dialogues des vivans, 1717, in-12.

1160. Loisirs de Mde de Maintenon, 1757, in-12.

1161. Dialogi di Amore, di Leone medico. (Venetia) Aldus, 1541, in-8.

1162. La Circé de J. Bapt. Gelli, en fr. 1681, in-12.

1163. La Bravure del Capitano Spavento, dialogo

di Francesco Andreini. In Venetia, 1607, in-4.
1164. Dialogos satyricos, por Francisco de Caceres. Amst. 1617, in-12.

Epistolaires.

1165. Lettres d'Aristenete avec celles d'Alciphron, trad. du grec. Londres, 1739, in-12.
1166. Senecæ (L. Annæi) Philosophi, Epistolæ, ex recensione J. Lipsii et J. Fr. Gronovii. Lugd. Bat. Elzevir, 1649, in-12.
1167. Le Printemps des lettres amoureuses, par Pierre de Deimier. Paris, 1615, in-12.
1168. Lettres de Busbec, 1748, 3 vol. in-12.
1169. Lettres de J. B. Rousseau, 1750, 5 vol. in-12. *pet. form.*
1170. Lettres sur les Anglais, les Français et les voyages, (par Muralt) 1726, avec la crit. par le P. Brumoy, 3 vol in-12.
1171. Lettres d'un Français (par l'abbé le Blanc) 1745, 3 vol. in-12.
1172. Lettres Juives, par d'Argens. Lausanne, 1738, 7 vol. in-8.
1173. Lettres Cabalistiques, par d'Argens. La Haye, 1741, 6 vol. in-8.
1174. Caprices d'imagination, ou Lettres sur différens sujets d'histoire, de morale, de critique, d'histoire naturelle, etc. Paris, 1740, in-12.
1175. Lettres persannes de Montesquieu, suivies des lettres turques, 1739, in-12.
1176. Lettres de Nedim Coggia, 1732, in-12.
1177. Lettere d'Isabella Andreini. In Venetia, 1612, in-4.

SCIENCES ET ARTS.

PHILOSOPHIE.

Philosophes anciens et modernes.

1178. Le Sympose de Platon, ou de l'amour et de la beauté, trad. du grec, par Loys le Roy, 1559, in-4.
1179. Les Choses mémorables de Socrate, avec sa vie, 1650, in-8.
1180. Livre doré de Marc-Aurele, 1542, in-8.
1181. OEuvres mor. et polit. de Bacon, trad. par J. Baudoin, 1639, in-8.
1182. L'Artisan de la fortune, du même, 1640, in-12.
1183. Boëce consolé par la philosophie, 1676, in-12.
1184. Fimiani (Pet.) Somnia Sapientis, Gyges Gallus, 1659, 2 vol. in-12. *m. r. lav. regl.*
1185. Théâtre philosoph. par Bordelon, 1692, in-12.
1186. OEuvres du philos. bienfaisant (le Roi Stanislas), 1763, 4 vol. in-8.
1187. Pensées philos. et mor. de Hume, 1768, in-12.
1188. Dictionn. philos. ou Introd. à la connoissance de l'Homme, 1751, in-12.
1189. Essai sur l'Homme de Pope, 1761, in-12.
1190. L'Homme moral, par l'abbé de Crillon, 1771, in-8.

Logique.

1191. Logique de Port-Royal, 1683, in-12.

Métaphysique.

1192. Psycologie ou Traité sur l'Ame, par Wolf. Amst. 1745, in-12.
1193. Histoire d'Ema (ou de l'Ame) 1752, in-12.
1194. De l'Esprit, par Helvétius, 1758, in-4,

1195. Du bel Esprit, 1695, in-12.

1196. Lettre sur les Aveugles, de Diderot, 1749, in-12.

1197. Imaginations extravagantes de M. Oufle, 1753, 2 vol. in-12. *fig.*

Religion.

1198. Biblia Hebraica. Parisiis, Rob. Stephanus, 1543, 2 vol. pet. in-fol.

1199. Bible de Sacy. Bruxelles, 1702, 8 vol. *manque le to.* 6. Nouv. Test. de Mons. en tout 8 v. in-12.

1200. Nouv. Testam. d'Amelotte, 1688, 2 v. in-4.

1201. Heures gothiques, in-8. *mss. sur velin.*

1202. Heures à l'usaige de Soissons. Paris, 1544, in-8. *fig. car. goth.*

1203. Office de S. Gombert, au Diocèse de Reims. — Légende de Ste Berthe. — Légende de S. Trezain. — Légende de S. Gombert, 1554, *mss.* in-8. *car. goth.*

1204. Traité sur la Tolérance, 1764, in-8.

1205. Testament de Jean Meslier, in-8.

1206. Fausseté des miracles des deux Testam. in-8.

1207. Lactance Firmian, des divines institutions contre les gentils et idolâtres, trad. du latin, par Réné Fame, 1543, in-fol.

1208. La Porte ouverte pour parvenir à la connoissance du Paganisme caché, par Abr. Roger, trad. avec des Rem. par Thomas Lagrue. Amst. 1670, in-4. *fig.*

1209. L'Alcoran de Mahomet, trad. par Du Ryer, 1647, in-4.

1210. Le même. Amst. 1734, 2 vol. in-12.

Morale.

1211. Entretiens de Petrarque sur la Morale, où est enseigné l'art de vivre heureux, 1678, 2 v. in-12.

1212. Les Veilles de Barthelemi Arnigio, de la cor

rection des coutumes, la maniere de vivre, et mœurs de la vie humaine, trad. de l'ital. par Larivey, 1608, in-12.

1213. Sentences latines, trad. en espagnol et en français, par la Gravete, 1662, in-8.

1214. Peintures morales du Pere le Moyne, 1669, 4 vol. in-12.

1215. Réflexions mor. de la Rochefoucault, 1693, in-12.

1216. Caractères de la Bruyere, 1729, 2 vol. in-12.

1217. Réflexions sur les défauts d'autrui, 1697, 4 vol. in-12.

1218. Pensées d'Oxenstiern. La Haye, 1742, 2 vol. in-12.

1219. Des Passions, par l'auteur du Traité de l'amitié, 1764, in-8. *gr. pap.*

1220. La Fable des Abeilles, ou les Frippons devenus honnêtes-gens, par Mandeville. Londres, 1740, 4 vol. in-8.

1221. Réflex. mor. et crit. sur les mœurs de notre Siecle, 1733, in-8.

1222. Mœurs du Siecle, de Duclos, 2 vol. in-12.

1223. Nécessité et Moyens de plaire, par Moncrif, 1738, in-8. *gr. pap.*

1224. Loisirs de ma solitude, ouvrage moral, 1764, in-12.

1225. Le Spectateur, trad. de l'anglais. Amst. 1754, 8 vol. in-12.

1226. Le Spectateur fr. de Marivaux, 1728, 2 vol. in-12.

1227. La Spectatrice, 1730, in-12.

1228. La Bagatelle, par Van Effen, 1743, 2 vol. in.12.

1229. Le Misantrope, ou Discours sur les mœurs du Siecle, 1742, 2 vol. in-12.

1230. Dictionn. social et patriot. 1770, in-8.

Moralités emblématiques, Symboles, Hiéroglyphes, Devises, etc.

1231. L'Art des Emblêmes, par Menestrier. Lyon, 1662, in-12. *fig.*

1232. Iconologie, ou la Science des Emblêmes, Devises, etc. Amst. 1698, 2 vol. in-12. *fig.*

1233. La Science des Hiéroglyphes, ou l'Art d'exprimer par des figures symboliques les vertus, les vices, les passions, les mœurs, etc. La Haye, 1736, in-4. *fig.*

1234. Alciati (And.) Emblemata, 1536, in-8. *fig.*

1235. — Ejusd. Emblemata, cum comment. Cl. Minos. Antuerp. Plantin, 1577, in-8. *fig.*

1236. Les Emblêmes d'Alciat, translatés en vers français. Lyon, Guill. Rouille, 1549, in-8. *fig.*

1237. La Morosophie de Guillaume de la Perriere, contenant cent Emblêmes moraux, etc. Lyon, 1553, in-8.

1238. Les Emblêmes de Jean Sambuccus, trad. du lat. en fr. Anvers, 1567, in-24. *fig.*

1239. Hiéroglyphes et Emblêmes sacrés des Egyptiens, ou Gravures d'Orus Apollo. lat. et fr. 1574, in-8. *fig.*

1240. Discours des Hiéroglyphes Egyptiens, Emblêmes, Devises et Armoiries, par Pierre Langlois, 1583, in-4.

1241. Valeriani (Jo.) Pierrii, Hieroglyphica, seu de sacris Ægyptiorum aliarumque Gentium literis Commentarii. Lugd. 1602, in-fol. *fig.*

1242. Les Hiéroglyphes de J. Pierre Valerian, surnommé Pierius, publiés par J. de Montlyard. Lyon, 1615, in-fol. *fig.*

1243. Imprese militari et amorose di Giovio. In Lione, 1574, pet. vol. in-4. *fig.*

1244. Imprese nobili et ingeniosi di diversi prencipi

et d'altri personaggi illustri, di Lodovico Dolce. Venetia, 1578, in-4. *fig.*

1245. Le Imprese illustri del s^r. Ruscelli, etc. Venetia, 1583, in-fol. *fig.*

1246. Delle Imprese, trattato di Giulio-Cesare Capaccio. Napoli, 1592, in-4. *fig.*

1247. Dell' Imprese di Scipion Bargagli. Venetia, 1594, in-4. *fig.*

1248. Teatro d'Imprese di Giovanni Ferro. Venet. 1623, in-fol. *fig.*

1249. Mercerii (Jo.) Emblemata, 1592, in-4. *fig.*

1250. Boissardi (Jac.) Emblemata. Francofurti, 1593, in-4. *fig.*

1251 Rollenhagii (Gabr.) Emblemata, in-4. sans date, *fig.* de Crispian de Pas.

1252. Emblemata anniversaria Academiæ Altorfinæ. Norimbergæ, 1597, in-4. *fig.*

1253. Camerarii (Joach.) Symbolorum et Emblematum centuriæ quatuor, ex herbis et stirpibus, ex quadrupedibus, ex volatilibus et insectis, ex aquatilibus et reptilibus, 1605, in-4. *fig.*

1254. Emblemata nobilitati et vulgò scitu digna, cum *fig.* Theodori de Bry. Francofurti, 1607, in-12. *oblong.*

1255. Emblemata moralia et œconomica, de rerum usu et abusu, à Theodoro Cornhertio. Arnhemi, 1609, in-4. *fig.*

1256. Schoonhovii (Florentii) Emblemata. Goudæ, 1618, in-4. *fig.*

1257. Bornitii (Jacobi) Emblemata. Moguntiæ, 1669, in 4. *fig.*

1258. Emblema Amorum, studio Othonis Væni, lat. engl. and. ital. Antuerpiæ, 1609, in-4. oblong. *fig.*

1259. Emblêmes touchant les amours et les mœurs, par J. Cats. 1618, in 4. *fig. manq. les p. 95 et 96.*

1260. Drexelii (Hierem.) Orbis Phaeton, hoc est de universis vitiis linguæ. Coloniæ, 1631, in-24. *fig.*

1261. Devises et Emblêmes d'amour moralisés, 1672, in-12. *fig.*

1262. Emblêmes d'Amour illustrés d'une explication. — A Collection of Emblemes, ancient and moderne, by George Wither. London, 1635, in-fol. *fig.*

1263. Zuerii Boxhornii (Marci) Emblemata politica et Orationes. Amst. 1635, in-12. *fig.*

1264. Theatrum omnium Scientiarum, sive Emblemata, etc. Neapoli, 1650, in-fol. *fig.*

1265. Comeni, (Joh. Amos.) Vestibulum Rerum et Linguarum. Amst. 1658, in-8. *fig.*

1266. Albertini (Ægidii) discurs, etc. *en allemand.* 1652, in-12. *fig.*

1267. Emblêmes royales, par Martinet, 1673, in-12. *fig.*

1268. Iconologie de César Ripa, moralisée par J. Baudoin, 1681, in-4. *fig.*

1269. Recueil d'Emblêmes, ou Tableaux des Sciences et des Vertus morales, par J. Baudoin, 1685, 3 vol. in-12. *fig.*

1270. Væni (Ot.) Emblemata Horatiana, latino, germanico, gallico, belgico carmine illustrata. Amst. Wetstein, 1684, in-12. *fig. mar. r.*

1271. Orpheus Eucharisticus, sive Deus absconditus, etc. opus in plures Emblematum centurias distinctum. Aut. Aug. Chesneau, 1657, in-8. *fig.*

1272. Firmamentum symbolicum, in quo Deiparæ elogia, quibus, velut firmamentum Stellis, est exornata, symbolicè depinguntur. Lublini, 1652, in-4. *fig.*

1273. Les Emblêmes d'amour divin et humain, expliqués par des vers français, par un pere capucin, 1631, in-8. *fig.*

1274. Emblêmes ou Devises chrétiennes. Utrecht, 1697, in-12. *fig.*

1275. Emblêmes ou Devises chrétiennes. Lyon, 1717, in-12. *fig.*

1276. Recueil de Tableaux Emblématiques sur la mort. in-4. *fig. en allemand.*

1277. Le Microcosme, contenant divers tableaux de la vie humaine. Amst. *sans date*, in-4. *fig.*

1278. Ketten (Jo. Mich.) Apelles symbolicus. Amst. 1699, 2 vol. in-8. *fig.*

1279. Symbola diversorum Principum, 1702, in-fol. *sans titre*, *fig.*

1280. L'Art de faire les Devises, par Henry Estienne, 1645, in-8.

1281. L'Art des Devises, par le P. Le Moyne, 1666, in-4. *fig.*

1282. Devises Héroïques et Emblêmes de Claude Paradin, 1621, in-12. *fig.* — Traité des Devises, par François d'Amboise, 1620, in-12.

1283. Recueil des Inscriptions, Figures, Devises, et Masquarades ordonnées en l'Hôtel-de-ville de Paris, en Fév. 1558, etc. par Et. Jodelle, 1558, in-4.

1284. Devises royales, par Adrian d'Amboise, 1621, in-8. *fig.*

1285. Emblêmes, Devises, Hyéroglyphes, Chiffres, etc. par Nicolas Vérien, in-8.

1286. Les Divertissemens de Laurent Chovayne, contenant un recueil de Devises et Emblêmes. Chartres, 1645, in-8.

1287. Douze Tableaux ou Emblêmes pour Louis XIV, son Frere, la Reine Anne d'Autriche leur mere, et le C. Mazarin, par Lescalopier, 1655, in-4. *fig.*

1288. Cinquante Devises pour M. Colbert, par Silvecane. Lyon, 1683, in-4. *fig.*

1289. Le Triomphe de la Religion sous Louis-le-grand, représenté par Inscriptions et Devises, 1687, in-12. *fig.*

1290. Il Carcere illuminata di Angelo Tarachia. In Venetia, 1700, in-12.

Jurisprudence.

1291. Dict. de Droit, de Ferriere, 1762, 2 vol. in-4.

1292. Traité des Délits et des Peines, par Beccaria, 1766, in-12.

1293. Causes célébres, de Gayot de Pitaval, 1738, 20 vol. in-12.

Politique.

1294. Instit. polit. de Bielfed, 1762, 4 vol. in-12.

1295. Lentuli (Cyriaci) Augustus sive de convertendâ in monarchiam republicâ. Amst. Elzevir, 1645, in-12.

1296. Gulistan, ou l'empire des Roses, Traité des mœurs des Rois, trad. du persan de Musladini Saadi, 1704, in-12.

1297. Lettres à un jeune Prince, par le Comte de Tessin. Amst. 1755, in-8.

1298. Mes Pensées, ou Qu'en dira-t-on, par La Beaumelle, 1751, in-12.

HISTOIRE NATURELLE.

Histoire naturelle, Physique, Agriculture, Chimie, Médecine, Anatomie.

1299. Spectacle de la Nature, avec l'Histoire du Ciel, de Pluche, 1736, 11 vol. in-12. *fig.*

1300. Blasii (Gerardi) Anatome Animalium. Amst. 1681, in-4. *fig.*

1301 Institutions de Physique, par Mde. Duchâtelet, 1740, in-8. *fig.*

1302. Entretiens de Physique, de Regnault, 1755, 5 vol. in-12. *fig.*

1303. Chroa-génésie, ou Critique des découvertes de Newton, par Gautier, 1750, 2 vol. in-12. *fig.*

1304. Dissertation sur la nature du Feu, 1744. — Lettre de M. de Mairan, sur la question des forces vives, 1741, in-8.

1305. Le vinti Giornate dell' Agricoltura et de' Piaceri della villa, di Agostino Gallo. Venetia, 1575, in-4. *fig.*

1306. Chimie de Macquer, théor. et prat., 3 v. in-12.

1307. Dissertation sur l'Æther, par Baumé, 1757, in-12. *fig.*

1308. Mémoire sur les Argilles, par Baumé, 1770, in-8.

1309. Nouvelles Fontaines filtrantes, par Amy, 1754, in-12. *fig.*

1310. Secrets concernant les Arts et Métiers, 1747, 2 vol. in-12.

1311. Traités de l'Harmonie et Constitution du vrai Sel secret des Philosophes, par Nuisement. La Haye, 1639, in-12.

1312. Elémens de Physiologie, 1756, in-12.

1313. Traité du Ris, par Joubert, 1579, in-8.

1314. Lettres sur les Physionomies, 1748, in-8.

1315. Caracteres des Médecins, par la Mettrie, 1760, in-12. *br.*

1316. Rei Accipitrariæ scriptores, nunc primum editi. Accessit liber de curâ Canum, ex recensione Nicolai Rigaltii. Lutetiæ, 1612, in-4.

1317. Préservatifs et Remedes contre la Peste, ou le Capucin charitable, 1668, in-8.

1318. Dons de Comus, ou l'Art de la Cuisine, etc. 1742, 3 vol. in-12.

1319. L'Art de guérir les Hernies ou Descentes, par Balin, 1768, in-12.

1320. Swammerdami (Jo.) Miraculum Naturæ, sive Uteri muliebris Fabrica. Lug. Bat. 1672, in-4. *fig.*

MATHÉMATIQUES.

Mathématiques, Géométrie, Musique, Art Militaire, etc.

1321. Mém. de Mathém. de Diderot, 1748, in-8. *fig.*

1322. Comment. sur la Géométrie de Descartes, par Rabuel. Lyon, 1730, in-4. *fig.*

1323. Géométrie de Sebast. Leclerc, 1716, in-12. *fig.*

1324. Théâtre des Instrumens Mathématiques et Méchaniques, de Jacques Besson, avec l'interprétation des figures, par François Beroald. Lyon, 1578, in-fol.

1325. Sturmii (Joan. Christoph.) Collegium curiosum, in quo primaria hujus Seculi inventa et experimenta Phisico-Mathematica descripta sunt. Norimbergæ, 1676, in-4. *fig.*

1326. Le Banquier et Négociant universel, par Bléville, 1767, 2 vol. in-4.

1327. Abraami Judæi, de Nativitatibus, Colon. 1537. — Albubatris, de Nativ. Norimb., 1540. — Albumazar, de magnis Conjunctionibus. Ven. 1515, in-4. *fig, c. g.*

1328. Le grand Calendrier et Compost des Bergers, composé par le Berger de la grande montaigne. Paris, Nic. Bonfons, in-4. *sans date, fig. en bois.*

1329. Le Passetemps de la Fortune des Dez, compilé par Maître Laurent l'Esprit. Lyon, B. Rigaud, 1583, in-4. *fig.*

1330. Théorie de la Musique, par Balliere. Rouen, 1764, in-4. *fig.*

1331. Dict. de Musique, de J. J. Rousseau, 1768, in-4.

1332. Rêveries du Maréchal de Saxe, 1757, in-12.

1333. Vie militaire de M. de Fremicourt, contenant diverses Instruct. sur l'Art de la Guerre, 1780, in-8.

Traités généraux sur les Arts et les Sciences.

1334. Dict. des Arts et des Sciences, 1732, 2 v. in-fol.

Beaux Arts, Peinture, Sculpture, Gravures.

1335. Dict. des Beaux Arts, par Lacombe, 1753, in-8.

1336. Diction. de Peinture et d'Architecture, 1746, 2 vol. in-12.

1337. Lettre sur la Peinture, Sculpture et Architecture, 1748, in-12.

1338. Recherches sur les beautés de la Peinture, par Webb, 1765, in-12.

1339. Tachéographie, ou l'Art d'Ecrire aussi vîte qu'on parle, par Ramsay, 1681, in-12.

1340. Habill. de Cavaliers de diverses nations, in-4.

1341. Habiti Antichi, overo Racolta di figure del Titiano, etc. Venet. 1664, in-8.

1342. Mascarades gravées par Robert Boissard, 1597, in-4.

1343. Figures gravées sur toutes sortes de Sujets, in-4. *oblong*.

1344. Figures de la Passion de J. Chr. gravées par Pacot, in-8.

1345. Recueil de Lions, dessinés d'après nature, et gravés par B. Picart. Amst. 1729, in-4. *obl.*

Art Gymnastique.

1346. Mercurialis (Hieronimi) de Arte Gymnasticâ libri sex. Venet. 1601, in-4. *fig.*

1347. Ecole de Cavalerie, par La Gueriniere, 1751, in-fol. *grand pap. fig.*

1348. L'Art de la Lutte, avec les figures de Romain de Hooge. Leyde, Sévérinus, in-4. *sans date.*

1349. Traité de la Danse, psr Cahusac, 1754, 2 vol. in-12.

1350. Il Ballarino, di Fabritio Carosso da Sermoneta. In Venetia, 1581, in-4. *fig. mar. v.*

1351. Balleti d'invenzione nella finta Pazza, di Gio. Bat. Balbi, *en français*, in-8. *oblong*.

1352. Le Gratie d'Amore, cioe nuove inventioni di Balli, Opera di Cesare Negri. In Milano, 1604, in-fol. *fig. mar. v.*

1353. Traités de la Chasse, par Arrian et par Oppian, 1690, in-12.

1354. Traité des Feux d'Artifice, par Frezier. La Haye, 1741, in-8. *fig.*

HISTOIRE.

Introduction à l'étude de l'Histoire.

1355. Philosophie de l'Histoire, par l'abbé Bazin (Voltaire) 1765, in-12.
1356. Mémoire artificielle du P. Buffier, 1735, 2 vol. in-12.
1357. Bibliothèque historiale de Nic. Vignier, 1587, 3 vol. in-fol. *gr. pap. lav. rég.*

Géographie.

1358. Système moderne de Cosmographie et de Physique générale, 1747, in-4. *fig.*
1359. Géographie de La Croix. Lyon, 1705, 5 v. in-12.
1360. Géographie de Noblot, 1725, 6 vol. in-12.
1361. Géographie de Crozat, 1751, in-12.
1362. Géographie d'Hubner. Bâle, 1746, 6 vol. in-8.
1363. Dictionnaire Géographique de La Martiniere. La Haye, 1726, 10 vol. in-fol.
1364. Dictionn. Géograph. de Vosgien, 1749, in-8.
1365. Mercatoris (G.) Atlas de novo plurimis in locis emendatus, multisque novis tabulis auctus; studio Judoci Hondii, in-4. *oblong, sans date.*
1366. Atlas de Géographie et d'Histoire, par Buy de Mornas, 1761, 4 vol. gr. in-fol.
1367. Théâtre des Cités du monde, par Georges Bruin de Coulogne, 1574, in-fol. *fig.*
1368. Théâtre des Cités du monde, 6 parties rel. en 2 vol. in-fol. *gr. pap. fig.*
1369. Atlas général des Pays-Bas, dressé sur les Mémoires d'Eugêne Henry Friex, 1744, in-fol. *plan.*

Voyages.

1370. Histoire des Voyages, de l'abbé Prévost. La Haye, 1747. Les six premiers vol. in-4. *fig.*

1371. Voyages Historiques de l'Europe. Amst, 1718, 8 vol. in-12. *pet. form*

1372. Voyage au Nord, par Outhier. Amst, 1746, in-12. *fig.*

1373. Voyage d'Italie, de Du Val, 1660, 2 vol. in-8.

1374. Voyage d'Italie, de Misson, 1743, 4 v. in-12. *fig.*

1375. Voyages de Pietro della Vallé, 1745, 8 v. in-12.

1376. Voyages aux Indes Orientales, trad. du portugais de Fernand Mendez Pinto, par Bernard Figuier, 1628, in-4.

1377. Voyages de Corneille Le Brun. Amst. 1718, 2 vol. in-fol. *fig.*

1378. — Les mêmes. Paris, 1725, 3 v. in-4. *fig. g. p.*

1379. Voyage en la Terre-Sainte, par le P. Nicole, 1517, in-fol. *car. goth. fig. en bois.*

1380. Voyage dans l'Arabie heureuse, par La Roque. Amst. 1716, in-12. *fig.*

1381. Voyages de J. Struys. Amst. 1681, in-4. *fig.*

1382. Voyages d'Olearius et Mandeslo, 4 tom. rel. en 2 vol. in-fol. *fig.*

1383. Ambassade de la Compagnie des Indes Hollandaise, à la Chine, etc. Paris, 1665, in-fol. *fig.*

1384. Ambassade de la Compagnie des Indes Hollandaise au Japon. Amst. 1680, in-fol. *fig.*

1385. Voyag. de Gemelli Careri, 1727, 6 v. in-12. *fig.*

1386. Voyage au Brésil, par Jean de Léry. Genêve, 1580, in-8.

1387. Voyage de la Mer du Sud, par Raveneau de Lussan, 1689, in-12.

1388. Voyages de La Hontan dans l'Amérique Septentrionale. La Haye, 1709, 2 vol. in-12. *fig.*

Voyages imaginaires.

1389. Voyages de Cyrus, par Ramsay, 3 vol. in-12.

1390. Voyages et Avantures de Jacques Massé. Cologne, 1710, in-12.

1391. Le nouveau Guliver, 1730, 2 vol. in-12.

Chronologie et Histoire universelle.

1392. *Fasciculus Temporum*, en françoys, les Fleurs et Manieres de temps passés, etc. trad. par Pierre Sarget. Lyon, Hus, 1483, in-fol. *fig. car. goth.*
1393. Hérodote, de Du Ryer, 1677, 3 vol. in-12.
1394. Histoire universelle, de Diodore de Sicile, par Terrasson, 1737, 7 vol. in-12.
1395. Hist. du Monde, par Chevreau, 1717, 8 v. in-12.
1396. Hist. universelle. Amst. 44 vol. in-4.
1397. Hist. universelle de Puffendorf. Amst. 1743, 11 vol. in-12.
1398. Histoire générale de tous les Peuples du Monde, par l'abbé Lambert, 1750, 15 vol. in-12.
1399. Hist. univ. de Bossuet, 2 vol. in-12.
1400. Abrégé de l'Histoire universelle, par Le Clerc. Amst. 1730, in-8.
1401. Histoire de notre temps, par Paradin. Lyon, 1558, in-12.
1402. Histoire des Conjurations et Révolutions célébres, par Duport du Tertre, 1754, 10 v. in-12.
1403. Etat Pol. de l'Europe. La Haye, 1742, 12 v. in-8.

Histoire Ancienne.

1404. Sleidani (J.) de quatuor summis Imperiis libri tres. Amst. Elzevir, 1678, in-24.
1405. Hist. Anc. de Rollin, 14 vol. in-12.
1406. Abrégé Chronologique de l'Histoire Ancienne, par Lacombe, 1757, in-8.

Histoire Grecque.

1407. Pausanias, ou Voyage Historique de la Grèce, trad. par Gédoyn, 1731, 2 vol. in-4.
1408. Observ. sur les Grecs, par Mably, 1749, in-12.
1409. Quinte-Curce de Vaugelas, 1709, 2 v. in-12.

Histoire

Histoire Romaine.

1410. Tite-Live, trad. en fr. par Blaise de Vigenère et autres, 1583, 3 vol. in-fol. *fig.*
1411. Histoire Romaine d'Hérodien, trad. par Boisguilbert, 1675, in-12.
1412. Elémens de l'Histoire Romaine par Mentelle, 1766, in-12.
1413. Tacite et Velleius Paterculus, trad. en franç. avec des notes, 1610, in-4.
1414. Tacite, trad. par la Bleterie, 1768, 3 v. in-12.
1415. Disc. sur Tacite, de Gordon, 1751, 3 v. in-12.
1416. Histoire Romaine, des PP. Catrou et Rouillé, 1725, 16 vol. in-4. *gr. pap.*
1417. Annales Romaines, ou Abrégé Chronologique de l'Histoire Romaine, 1756, in-8.
1418. Commentaires de César, avec les Annotations de Blaise de Vigenère, publiés par Antoine de Bandole, 1625, in-4. *fig.*
1419. — Les mêmes, de d'Ablancourt, 1650, in-4.
1420. Les mêmes, lat. fr. *Barbou*, 1766, 2 v. in-12.
1421. Histoire de Catilina, par Séran de la Tour, 1749, in-12.
1422. Histoire des deux Triumvirats, par Larrey, 1720, 4 vol. in-12.
1423. Mémoires de la Cour d'Auguste, trad. de l'ang. de Blackwell et de Mills, 1768, 4 vol. in-12.
1424. Essai sur les Règnes de Claude et de Néron, 2 vol. in-12.
1425. Traité du Sénat Romain, trad. de l'angl. par D'Orbessan, 1755, in-12,
1426. Grandeur des Romains, de Montesquieu, in-12.
1427. Observ. sur les Romains, par Mably, 1751, 2 v. in-12.

Histoire Ecclésiastique.

1428. Histoire des Juifs, trad. de Flavius Joseph,

par Arnauld d'Andilly. Amst. 1700, in-fol. *fig.*

1429. Histoire des Juifs, par Prideaux, 1726, 7 vol. in-12. *fig.*

1430. Peuple de Dieu, de Berruyer, 13 vol. in-4.

1431. Histoire Sacrée, en tableaux, par Brianville, 1677, 3 vol. in-12. *fig. mar. r.*

1432. Hist. Ecclés. de Fleury, 36 vol. in-12.

1433. Abr. Chronol. de l'Hist. Ecclés. 1757, 2 v. in-8.

1434. Hist. du Concile de Trente, de Fra Paolo Sarpi, par Courrayer, 1751, 3 vol. in-4.

1435. Hist. de la Papesse Jeanne, par Lenfant. La Haye, 1736, 2 vol. in-12. *fig.*

1436. Histoire des Flagellans, de l'abbé Boileau. Amst. 1701, in-12.

1437. Histoire des Jésuites, et Pieces pour et contre cette Société, 9 vol. in-12.

HISTOIRE DE FRANCE.

Introduction à l'Histoire de France.

1438. Introduction et Description de la France, de Piganiol de la Force, 1752, 15 vol. in-12. *fig.*

1439. Les Illustrations de Gaule, et Singularités de Troye, par Jean Le Maire, publiées par François Barat, 1548, in-4.

1440. — Les mêmes. Lyon, 1649, in-fol.

Histoire générale de France.

1441. Inventaire de l'Histoire de France, par De Serres, 1625, in-fol.

1442. L'Histoire des Français, de Grégoire de Tours, trad. par Marolles, 1668, in-8.

1443. Histoire de France, de Mezeray. Paris, Guillemot, 1643, 3 vol. in-fol. *avec les portraits.*

1444. Histoire de France, de Velly, 30 vol. in-12.

1445. Abr. Chron. de l'Hist. de France, du Présid. Hénault, 1749, in-4. *gr. pap. fig.*

1446. Tablettes Histor. des Rois de France, 1759, 3 vol. in-12. *p. f.*

1447. Anecdotes des Reines et Régentes de France, 1764, 4 vol. in-12.

Histoire particuliere de France sous différens Règnes.

1448. Anastasis Childerici I. Francorum Regis, sive Thesaurus sepulchralis Tornaci Nerviorum effossus, et Commentario illustratus, autore Joan. Jacobo Chiflet. Antuerpiæ, 1655, in-4. *fig.*

1449. Histoire de Charles VI., par J. Juv. des Ursins, publiée par Denys Godefroy. Paris, Impr. R. 1653, in-fol. *gr. pap.*

1450. Mém. de Comines. Bruxelles, 1706, 4 vol. in-8.

1451. Le Cabinet du Roi Louis XI. contenant quelques intrigues secretes de ce Monarque, 1661, in-12.

1452. Histoire de Louis XII. par Jean d'Auton, publiée par Théodore Godefroy, 1620, in-4.

1453. De l'Etat, et Succez des affaires de France, par Girard du Haillan, 1571, in-8.

1454. Recueil de pieces pour l'Histoire d'Henri III. Cologne, 1693, in-12.

1455. Avantures du Baron de Fœneste, 1729, 2 vol. in 8.

1456. L'Avant-Victorieux. Orthes, 1610, in-8.

1457. Siecle de Louis XIV. par Voltaire, 2 v. in-12.

1458. Histoire de Louis-le-Grand, par Médailles, par le P. Menestrier, 1689, in-fol. *fig.*

1459. Mémoires de la Porte, 1756, in-12.

1460. Recueil de Mazarinades, 24 vol. in-4. *fig.*

1461. Mémoires de Forbin, 1748, 2 vol. in-12.

1462. Mém. de Dugay-Trouin, 1748, in-12, *fig.*

1463. Mém. de M[de]. de Staal, 1755, 4 vol. in-8.

1464. Mém. de Mad. de Pompadour, 1766, in-12.

Histoire particuliere de quelques Villes et Provinces de France.

1465. Histoire de Paris, par Félibien et Lobineau, 1725, 5 vol. in-fol. *gr. pap. fig.*
1466. Essais sur Paris, de Saintfoix, 1763, 4 v. in-12.
1467. Le Trésor des Merveilles de Fontainebleau, par Pierre Dan, Mathurin, 1642, in-fol.
1468. Fondations et Etablissemens du Roi de Pologne, Stanislas, à Nancy. Luneville, 1762, in-fol.

HISTOIRES ETRANGERES.

Histoire d'Italie.

1469. Hist. d'Italie, par Schottus, 1628, 2 vol. in-8.
1470. Conjuration de Rientzi, tyran de Rome en 1347. 1733, in 12.
1471. Hist. de Venise, par Laugier, 1759, 5 v. in-12.

Histoire d'Espagne.

1472. Histoire d'Espagne, de Ferréras, trad. par d'Hermilly, 1742, 10 vol. in 4. *gr. pap.*
1473. Hist. d'Esp. par Desormeaux, 1759, 5 v. in-12.
1474. Etat de l'Espagne, par Vérac, 1738, 4 v. in-12.

Histoire d'Angleterre.

1475. Histoire d'Angleterre, de Rapin Thoiras. La Haye (Trévoux) 1749, 16 vol. in-4.
1476. Abrégé Chronologique de l'Histoire d'Angleterre. Amst, 1730, 7 vol. in-12.
1477. Histoire de Guillaume-le-Conquérant, par l'Abbé Prévost, 1742, 2 vol. in-12.
1478. Hist. du Divorce de Henri VIII, 1763, in-12.

1479. Histoire de la Réformation de l'Eglise d'Angleterre, par Burnet. Genêve, 1686, 4 vol. in 8.

1480. La Tyrannie heureuse, ou Cromwel politique. Leyde, 1671, in-12,

1481. Histoire de Jacques II, Roi d'Angleterre. Bruxelles, 1740, in-8.

1482. Histoire du Parlement d'Angleterre par Raynal, 1748, in-12.

1483. Mémoires sur l'Angl. La Haye, 1698, in-8.

1484. Mœurs Anglaises; ou Caractère de la Nation Britannique. La Haye, 1758, in-8.

1485. Délices de la Grande-Bretagne. Leyde, 1707, 9 vol. in-12. *fig.*

Histoire des Pays-Bas.

1486. Histoire des Guerres de Flandres, par Strada. Bruxelles, 1727, 4 vol. in-8.

1487. Histoire du Stadhouderat, par Raynal, 1760, 2 vol. in-12.

1488. Délices des Pays-bas. Bruxelles, 1743, 4 vol. in-8. *fig.*

1489. Description du Brabant, par de Beaumont, Bruxelles, 1756, in-8. *m. r.*.

1490. Description du Brabant Hollandais, 1748, in-12. *fig.*

Histoire d'Allemagne.

1491. Hist. de l'Empire, par Heiss, 1684, 2 v. in-4.

1492. Vie de Charles V, par Léti. Bruxelles, 1726, 4 vol. in-12. *fig.*

1493. Mém. de Maffei. La Haye, 1740, 2 v. in-12.

1494. Histoire des Guerres du Nord et de Hongrie, 1756, 2 vol. in-12.

1495. Mém. de Brandebourg, 1751, 2 vol. in-12.

1496. Histoire de Guillaume I. Roi de Prusse. Amst. 1741, 2 vol. in-12.

Histoire de Pologne.

1497. Histoire de Sobieski, Roi de Pologne, par Coyer, 1761, 3 vol. in-12.

Histoire des Pays du Nord, Dannemarck, Suéde, Russie, etc.

1498. Description hist. de Copenhague, en danois, français et allemand. Copenhague, 1748, gr. in-4. *fig.*
1499. Hist. de Suéde, par Limiers. Amst. 1721, 4 vol. in-12.
1500. Mém. pour l'Hist. de Christine, Reine de Suéde. Amst. 1751, 2 vol. in-4.
1501. Campagnes de Charles XII. 1711, 2 v. in-12.
1502. Hist de Charles XII. par Voltaire, 1732, 2 vol. in-8.
1503. Etat présent de la Suéde, trad. de l'anglais, de Robinson. Amst. 1720, in-12.
1504. Hist. des Révol. de Russie, par Lacombe, 1759, in-8.
1505. Hist. de Russie, sous Pierre-le-Grand, par Voltaire, 1761, in-12.

Histoire de Turquie.

1506. Histoire des Turcs, de Chalcondyle, 1662, 2 vol. in-fol. *fig.*
1507. Mémoires de La Croix, sur la Turquie, 1684, 2 vol. in-12.
1508. Etat de l'Empire Ottoman, par La Croix, 1695, 3 vol. in-12.
1509. Tableau de l'Empire Ottoman, 1757, in-12. *p. f.*
1510. Lettres et Hist. de Mehemet II. 1764, in-12.
1511. Description hist. de la Morée, par Coronelli, 1686, in-8.

Histoire d'Afrique.

1512. Hist. de l'Empire des Scherifs, en Afrique, 1733, in-12.
1513. Hist. des Révol. de Maroc, 1731, in-12.
1514. Hist. de Saladin, par Marin, 1758, 2 v. in-12.

Histoire d'Asie.

1515. Biblioth. Orientale, d'Herbelot, 1697, in-fol,
1516. Hist. des Sarrazins, trad. de l'anglais de Ockley, 1748, 2 vol. in 12.
1517. Hist. des Révolutions des Arabes, par Marigny, 1750, 4 vol. in-12.
1518. Hist. de Tamerlan, par le P. Margat, 1739, 2 vol. in-12.
1519. Hist. des Révolutions de Perse, par l'abbé Declaustre, 1742, 3 vol. in-12.
1520. Hist. de Thamas Kouli-Kan, Sophi de Perse. Amst. 1741, in-12.
1521. Hist. de la Chine, trad. du lat. de Martini, par Pelletier, 1692, 2 vol. in-12.
1522. Description de la Chine, du P. du Halde, 1735, 4 vol. in-fol. *gr. pap. fig.*
1523. Idée du Gouvernement Chinois. — Les Promenades de la Guinguette, 1704, in-12.

Histoire de l'Amérique.

1524. Laet (Joan.) Notæ ad dissertationem Hugonis Grotii de origine Gentium Americanarum. Amst. Elzevir, 1643, in-8.
1525. Découvertes des Indes Occid. par les Espag. par Las Casas, 1697, in-12.
1526. Conquêtes des Portugais, par Lafiteau, 1733, 4 vol. in-12. *fig.*

1527. Histoire de la Conquête du Pérou, par Zarate, 1716, 2 vol. in-12. *fig.*
1528. Histoire des Avanturiers Flibustiers, par OExmelin, 1699, 2 vol. in-12. *fig.*
1529. Histoire des Isles Antilles, par Rochefort. Lyon, 1697, 2 vol. in-12. *fig.*
1530. Mœurs des Sauvages, par Lafiteau, 1724, 2 vol. in-4. *fig.*

Paralipomenes Historiques.

Histoire Héraldique, Chevaleresque, Tournois, Fêtes, Entrées, Triomphes, Pompes civiques, funèbres, etc.

1531. Histoire de l'Origine de la Royauté, par Pelisseri, 1684, in-8. *fig.*
1532. Mémoires sur l'ancienne Chevalerie, par La Curne-Ste-Palaye, 1753, in-4. *gr. pap.*
1533. — Les mêmes, 1759, 2 vol. in-12.
1534. Le vrai Théâtre d'Honneur et de Chevalerie, par Wlson de la Colombiere, 1648, 2 vol. in-fol. *gr. pap. fig.*
1535. Traités des Tournois, Joustes, Carrousels, et autres Spectacles publics, par le P. Menestrier. Lyon, 1669, in-4. *fig.*
1536. Entrée de Charles IX. et d'Elisabeth d'Autriche son épouse, à Paris, en mars, 1571, in-fol. *fig.*
1537. Joyeuse et magnifique Entrée du Duc d'Anjou, frere d'Henri III. à Anvers. Anvers, Plantin, 1582, in-fol. *fig.*
1538. Labyrinthe Royal de l'Hercule gaulois, triomphant sur le sujet des grandes actions d'Henri IV, représenté à l'entrée de la Reine, à Avignon, en novembre 1600, in-fol. *fig.*
1539. Le Romant des Chevaliers de la Gloire, ou Description

Description des courses faites à la place Royale, pour la fête des alliances de France et d'Espagne, par Fr. de Rosset, 1612, in-4.

1540. Entrée de la Duchesse de la Valette, à Metz, en 1624, in-fol. *fig.*

1541. Combat à la Barrière, fait en Cour de Lorraine, le 14 févr. 1627, représenté par les discours et poésie d'Henri Humbert, avec *les figures* de Jacques Callot. Nancy, 1627, in-4.

1542. Arcs triomphaux, dressés à Aix, pour l'arrivée de Louis XIII. Aix, 1624, in-fol. *fig.*

1543. Entrée de Louis XIII. et de la Reine, dans Lyon en 1622. Lyon, 1624, in fol. *fig.*

1544. Entrée triomph. de Louis XIII. à Paris, après la réduction de la Rochelle, 1629, in-fol. *fig.*

1545. Les Triomphes de Louis-le-Juste, par Charles Beys, 1649, in fol. *gr. pap. fig.*

1546. Entrée de la Reine mere, Mar. de Médicis, dans les Pays-bas. Anvers, 1632, in-fol. *fig.*

1547. Entrée de la Reine Marie de Médicis dans les Pays-bas. Londres, 1639, in fol. *fig.*

1548. Entrée de Marie de Medicis, Reine de France, dans Amsterdam. Amst. 1638, in-fol. *fig.*

1549. Medicea Hospes, sive Descriptio publicæ Gratulationis quâ Mariam de Médicis excepit Senatus populusque Amstelodamensis, autore Caspare Barlæo. Amstelod., 1638, in-fol. *fig.*

1550. Courses de Têtes et de Bagues, faites par Louis XIV. et les Seigneurs de sa Cour, en 1662, en latin, avec les explications manuscrites en français. in-fol. *plano. fig.*

1551. Arcs Triomphaux, dressés à Aix, pour l'arrivée des Ducs de Bourgogne et de Berry. Aix, 1701, in-fol. *fig.*

1552. Séjour du Roi à Metz en 1744, in-fol. *fig.*

1553. Applausi Festivi Fatti in Roma per l'Elezzione di Ferdinando III. al Regno dé Romani, 1637, in-4. *fig.*

1554. Feste Theatrali, per la Finta Pazza, Drama del Signor Giulio Strozzi, 1645, in-fol. *obl. fig.*

1555. Feste celebrate in Napoli, per la Nascita del Principe di Spagna, in 1657, in-fol. *fig.*

1556. La Felicita introno sù l'arrivo del Duca di Savoye e di Anna d'Orleans. In Palermo, 1714, in-fol. *fig.*

1557. Ragguaglio delle Nozze di Filippo Quinto e di Elisabetta Farnese. In Parma, 1717, in-fol. *fig.*

1558. Descriptio publicæ Gratulationis Spectaculorum et Ludorum in adventu Ernesti Archiducis Austriæ, etc. Antuerpiæ, Plantin, 1595, in-fol. *fig.*

1559. Narratio Historica profectionis, et inaugurationis Alberti et Isabellæ, Antuerpiæ, 1602, in-fol. *fig.*

1560. Pompe Funebre de l'Archi-duc Albert. Bruxelles, 1729, in-fol. *fig.*

1561 Pompa Introitus Ferdinandi Austriaci in urbem Antuerpiam. Antuerpiæ, 1641, in-fol. *plano. fig.*

1562. Relation du Voyage du Roi d'Angleterre Guillaume I. en Hollande, et de la réception qui lui a été faite. La Haye, 1692, in-fol. *fig.*

1563. Entrées, Triomphes, Cérémonies, etc. faites pour le mariage de Frideric V. Elect. Palatin, avec la Princesse d'Angleterre. Heidelberg, 1743, in-8. *fig.*

Antiquités.

Monumens, Rites, Usages, Vêtemens et Coutumes des Anciens.

1564. L'Antiquité expliquée du P. Montfaucon, 1719, et suite, 15 vol. in-fol. — Antiquités sacrées et profanes. La Haye, 1726, servant de nouveau supplément ; en tout 16 vol. in-fol. *fig.*

1565. Papenbroekii (Gerardi) brevis veterum monumentorum Descriptio ; Studio et Operâ Fr. Oudendorpii. Lugd. Bat. 1746, in-4. *fig. br.*

1566. Struvii (Burcardi, Gott.) Antiquitatum Romanarum Syntagma, sive de Ritibus Sacris. Jenœ. 1701, in-4. *fig.*

1567. Ferrarii (Octavii) de re Vestiariâ libri septem. Patavii, 1654, in-4. *fig.*

1568. Balduinus (Bened.) de Calceo, et Nigronus de Caligâ veterum. Amst. Frizius, 1667, in-12. *fig.*

1569. Solerius (Anselmus) de Pileo. Amst. Frizius, 1671, in-12. *fig.*

1570. Bayfius (Lazarus) de re Navali, de re Vestiariâ, de Vasculis : additus est libellus de Coloribus Antonii Thylesii. Parisiis, Rob. Stephanus, 1536, in-4. *fig.*

1571. Traité des Festins, par Muret, 1682, in-12.

1572. Le Maschere Sceniche e le figure comiche d'Antichi Romani, da Fr. Ficoroni. In Roma, 1736, in-4. *fig.*

1573. Berger (Christoph. Henr.) Commentatio de Personis vulgo larvis seu Mascheris. Francofurti, 1723, in 4. *fig.*

1574. Magius (Hieron.) de Tintinnabulis, et de Equuleo ; cum notis fr. Sweertii. Hanoviæ, 1608. — Henischius (Georg.) de Asse et partibus, de numeratione multiplici, vetere et recenti. August. Vindel. 1605 et 1606, in-8. *fig.*

1575. Ejud. Magii de Equuleo liber postumus, cum notis Goth. Jungermanni. Amst. Frizius, 1664, in-12, *fig.*

1576. Lipsi (Justi) de Militiâ Romanâ libri quinque. Antuerpiæ, 1696, *petit in-fol. fig.*

1577. Ejusdem Lipsi de Amphitheatro liber. Antuerpiæ, 1698, *petit vol. in-fol. fig.*

1578. Gorlæi (Abrahami) Dactyliotheca, seu Gemmarum Annulorumque Promptuarium, cum explicationibus Jac. Gronovii, Lugd. Batav. Vander Aa, 1695, 2 vol. in-4. *fig. gr. pap.*

Histoire Littéraire.

Histoire des Lettres, des Langues, des Sciences, des Arts.

1579. De l'Origine, Invention & Auteurs des choses, trad. du latin de Polydore Vergile, par Belleforest. Paris, 1582, in-8.

Histoire des Académies.

1580. Histoire de l'Académie des Sciences, depuis 1666 jusqu'en 1699, 11 vol. *rel.* en 13 vol. in-4. *manque le tom.* 8. — Années de la même Acad. 1699, 1700, 1701, 1702, 1703, séparées 8en tout 18 vol. in-4. *fig.*

1511. Histoire de l'Acad. des Inscriptions. Amst. 1731, 8 vol. in-12. — Mémoires de la même Académie. Hollande, 20 vol. in-12. *fig. en tout 28 vol.*

Histoire Bibliographique, Littérature générale et particuliere; Ouvrages Périodiques, Catalogues de Bibliothéques, etc.

1582. Vossius (Gerard. Jo.) de Historicis Græcis et Latinis. Lugd. Batav. Maire, 1650. — Ejusd. de Poetis Græcis et Latinis. Amstelod. Blaeu. 1662, 3 vol. in-4.

1583. Meursi (Jo.) Theophrastus, sive de illius Libris, qui injuriâ temporis interciderunt, etc. Lug. Bat. Elzev. 1640, in-12.

1584. Biblioth. Fr. par Goujet, 1741, 14 v. in-12.

1585. Siecle Littér. de Louis XIV, 1753, 2 v. in-12.

1586. Le Parnasse Français de Titon du Tillet, 1760, in-fol, *fig.*

1587. Querelles Littéraires, par l'abbé Irail, 1761, 4 vol. in-12.

1588. Les Bigarures, ancienne et nouvelle. La Haye, 1749 et suite, 36 vol. in-12, rel. en 18.

1589. Les Cinq années Littéraires, par Clément. La Haye, 1754, 2 vol. in 8.

1590. Catal. des Bibl. Falconet, Pompadour & autres, in-8.

Vies des Hommes et Femmes illustres anciens et modernes.

1591. Vies des anciens Philosophes, de Diogène Laërce. Amst. 1758, 3 vol. in-12. *fig.*

1592. Hist. des Sept Sages, par Larrey. Amsterd. 1713, in 8

1593. Vie d'Epictete, et sa Philosophie, 1667, in-12.

1594. Vie d'Agathocle, tyran de Siracuse, 1752, in-12.

1595. Les Vies des Hommes Illustres de Plutarque, trad. par l'abbé Tallemand, 1671, 8 vol. in-12.

1596. Vie de Properce, par Gillet de Moivre, 1754, in-12.

1597. OEuvres de Brantome, contenant les Vies des Hommes et Femmes illustres de son temps. La Haye, 1740, 15 vol. in-12. *p. f.*

1598. Vies des plus célèbres & anciens Poëtes Provençaux, par Jean de Nostradamus. Lyon, 1575, in 8.

1599. Vie de Pibrac, ses Lettres amoureuses et ses Quatrains, 1761, in-12.

1600. Histoire et Campagnes du comte de Saxe, 1752, 4 vol. in-12.

1601. Hist. des Hommes illustres de Lorraine, par Chevrier. Bruxelles, 1754, 2 vol. in-12.

1602. Hist. du Card. de Granvelle, 1761, in-12.

1603. Hist. de Nic. Rienzy, par Boispreaux, 1743, in-12.

1604. Hist. d'Olimpia Maldachini, trad. de l'Ital. de l'abbé Gualdi. Leide, Duval, 1666, in-12.

1605. La Galerie des Femmes fortes, par le P. Lemoyne, 1647, in-fol. *gr. pap. fig.*

1606. — Le même livre, 1663, in-12. *fig.*

Dictionnaires et Extraits historiques.

1607. Dictionnaire de Moréri, avec les 4 vol. de Suppl. 10 vol. in-fol.

1608. Dictionnaire de Bayle. Amsterdam, 1734, 5 vol. in-fol.

1609. Dictionnaire des Grands-Hommes. Caen, Leroy, 1786, 8 vol. in-8.

1610. Dictionn. portatif universel. Avignon, 1760, 8 vol. in-8.

1611. Dictionnaire Des Faits et dits mémorables de l'Histoire ancienne et moderne, 1768, 2 v. in-8.

ORDRE DES VACATIONS.

Mardi 8 *Janvier* 1793.

Belles-Lettres, 1 à 63. — 803 à 843.
Sciences et Arts 1178 à 1200.
Histoire, 1355 à 1378.

Mercredi 9.

Belles-Lettres, 64 à 131. — 844 à 899.
Sciences et Arts, 1201 à 1218.
Histoire, 1379 à 1403.

Jeudi 10.

Belles-Lettres, 132 à 190. — 900 à 929.
Sciences et Arts, 1219 à 1239.
Histoire, 1404 à 1427.

Vendredi 11.

Belles-Lettres, 191 à 312. — 930 à 951.
Sciences et Arts, 1240 à 1250.
Histoire, 1428 à 1447.

Samedi 12.

Belles-Lettres, 313 à 429. — 952 à 985.
Sciences et Arts, 1251 à 1266.
Histoire, 1448 à 1471.

Lundi 14.

Belles-Lettres, 430 à 523. — 986 à 1019.
Sciences et Arts, 1267 à 1290.
Histoire, 1472 à 1497.

Mardi 15.

Belles-Lettres, 524 à 577. — 1020 à 1048.
Sciences et Arts, 1291 à 1298.
Histoire, 1498 à 1530.

Mercredi 16.

Belles-Lettres, 578 à 627. — 1049 à 1085.
Sciences et Arts, 1299 à 1320.
Histoire, 1531 à 1550.

Jeudi 17.

Belles-Lettres, 628 à 681. — 1086 à 1117.
Sciences et Arts, 1321 à 1333.
Histoire, 1551 à 1571.

Vendredi 18.

Belles-Lettres, 682 à 734. — 1118 à 1139.
Sciences et Arts, 1334 à 1345.
Histoire, 1572 à 1590.

Samedi 19.

Belles-Lettres, 735 à 802. — 1140 à 1177.
Sciences et Arts, 1346 à 1354.
Histoire, 1591 à 1611.

www.ingramcontent.com/pod-product-compliance
Ingram Content Group UK Ltd.
Pitfield, Milton Keynes, MK11 3LW, UK
UKHW020343230726
13925UKWH00003B/941

9 782014 046069